ALMAS AFINS

Edgard Armond

ALMAS AFINS

Aliança

Copyright © 1951 *Todos os direitos reservados à Editora Aliança.*

5ª edição, 5ª reimpressão, setembro/2024, do 70º ao 75º milheiro
(1ª edição, Edicel, e 2ª edição, Ed. Aliança, 1978 = 8.000)

TÍTULO
Almas Afins

AUTOR
Edgard Armond

REVISÃO
Maria Aparecida Amaral

DIAGRAMAÇÃO
Cintia Aoki

CAPA
Antônio Carlos Ventura

IMPRESSÃO
Rettec Artes Gráficas e Editora Ltda.

FICHA CATALOGRÁFICA

Dados Internacionais de Catalogação na Publicação (CIP)
— Câmara Brasileira do Livro | SP | Brasil —

Almas Afins / Edgard Armond.
São Paulo: Editora Aliança, 2010.

ISBN: 978-85-8364-065-3 / 128 páginas

1. Escritos espíritas 2. Espiritismo
I. Título.

10-10195   CDD-133.93

ÍNDICE PARA CATÁLOGO SISTEMÁTICO:

1. Escritos psicografados: Espiritismo   133.93

EDITORA ALIANÇA
Rua Major Diogo, 511 - Bela Vista - São Paulo - SP
CEP 01324-001 | Tel.: (11) 2105-2600
www.editoraalianca.com.br | editora@editoraalianca.com.br

Sumário

Advertência _____ 7

Preâmbulo _____ 9

1. Reencontro _____ 13

2. Muito Longe, na Lemúria _____ 17

3. Na Atlântida _____ 25

4. No Templo de Imatan _____ 31

5. Inquietadora Revelação _____ 35

6. As Origens do Templo_____ 39

7. Astro em Desagregação_____ 45

8. No Antigo Egito _____ 51

9. Mumificação _____ 59

10. Amon contra Aton_____ 67

11. Tempestuosa Conversa _____ 71

12. Hostilidades Recíprocas _____ 77

13. Poderes Psíquicos_____ 91

14. Auxílio Espiritual _____ 97

15. Almas Afins _____ 103

16. Sucessão Real _____ 107

17. Poder Militar e Religioso_____ 113

18. Momentos Finais_____ 117

19. O Desenlace _____ 121

20. Epílogo _____ 125

Advertência

Os dados desta história foram fornecidos por um cooperador do Movimento Espírita Nacional, interessado na divulgação de coisas do passado, para enriquecimento dos conhecimentos ligados à Lei da Reencarnação; esses dados foram obtidos mediante métodos avançados de mediunismo.

As referências feitas em caráter pessoal é a ele que se dirigem, como co-participante dos fatos narrados no livro.

São os mesmos Espíritos:

na Atlântida	no Egito	no presente
Marani	Nut	Anath
Zaltan	Hrihor	Paulo
Jovem Auxiliar	Harneth	Arturo
	Actaor	Chefe índio
	Aquenaton	Incógnito

Ficam assim bem definidos e caracterizados os personagens desta narrativa.

O Autor

Preâmbulo

Utilizando convenientemente a mediunidade, estabelecemos contato com entidades de origem remota, que desempenharam papel destacado na vida social, religiosa e política de vários países, e reconstituímos suas vidas em determinados períodos ou épocas, conforme este livro o demonstra.

Ao empreender esta narração temos em vista, além do conhecimento da pré-história, documentar um dos mais fascinantes aspectos da Lei da Reencarnação, nos seus entrosamentos com o Carma, que é o nome oriental pelo qual é conhecida a Lei de Causas e Efeitos.

Os nomes atribuídos aos agentes dos fatos aqui narrados nem sempre são apócrifos: quando apontam personagens históricas, são verdadeiros e, somente quando se referem a Espíritos conhecidos, com atividades definidas em nosso País, nestes nossos dias difíceis, são supostos e fictícios.

Do ponto de vista histórico-doutrinário, cabe-nos também focalizar o fato inegável de que=, por mais poderosos que sejam os homens, jamais conseguem impor às massas populares cultos estranhos ou contrários à sua própria mentalidade ou sentimentos.

Em nossos próprios dias não vemos isto? Nos países comunistas, por exemplo, onde governos totalitários proíbem ou substituem cultos populares antigos por outros, oficializados, não são estes recusados pelo povo, que se conserva fiel aos do passado, familiares e costumeiros, que permanecem em seus corações e que ressurgem sempre, como rebentos em terra ressequida, após as mais ligeiras chuvas?

Neste livro, referimo-nos particularmente ao velho Egito da 18ª Dinastia.

Um dos acontecimentos que mais profundamente influíram na política interna desse país, com poderosos reflexos no seu prestígio no exterior, como também na sua unidade nacional, foi aquele que ocorreu no ano de 1383 a.C. — nos quais se envolveram os Espíritos a que atrás nos referimos.

O Egito era então um império poderoso, que estendera seu domínio sobre todas as regiões vizinhas.

Havia uma tríade de deuses. Osíris, Ísis e Hórus, deuses regionais, e um deus nacional, que era Amon. Este, com o tempo, absorveu o deus Ra, de Heliópolis, formando a dupla Amon-Ra, culto solar primitivo, exercido por uma poderosa classe sacerdotal, cujo chefe oficial era o faraó reinante, conquanto o verdadeiro, realmente, fosse o sumo sacerdote, com assento no Templo de Tebas.

No reinado de Amenhotes III — que antecede um pouco a nossa história — este transportou para Tebas o culto solar de Aton, deus considerado secundário, cultuado na tribo síria, à qual pertencia a rainha Thiy, com quem o faraó se casara e, no décimo ano de seu reinado, instituiu em Karnac uma festa ritual dedicada a esse deus intruso.

Com sua morte, seu filho Amenhotes IV subiu ao trono, com 17 anos de idade, e levou ainda mais longe a iniciativa; para neutralizar hostilidades sacerdotais do culto oficial de Amon, mandou construir no interior do país, em Tel-Amarna, uma nova capital, mudou-se para ali com a corte, retirou de Tebas o caráter de capital nacional que detinha há mais de 20 séculos e, na nova capital, mandou entronizar Aton como deus nacional, fundando, na mesma época, o templo de Abidos.[1]

---

[1] Destruído após sua morte e reconstruído por Seti I.

Seu intuito era popularizar o culto ao deus Sol, democratizar a vida social, extinguir o predomínio das classes ricas, sobretudo a sacerdotal, que retinham em suas mãos quase um terço do território do país, e aniquilar o politeísmo, criando assim o culto de um deus único.

Foi um governante de elevados conhecimentos espirituais. Tinha o nome egípcio de Anek ao qual, ao oficializar o culto solar, incorporou o sufixo Aton, passando a ser conhecido como Anek-Aton, transportado para Aquenaton.

O culto que introduzira, na realidade, era o das tradições da antiga sabedoria herdada da Atlântida, acumuladas em templos antigos e já adotado anteriormente no próprio Egito, em Heliópolis.

Nesse culto o Sol era uma representação do Deus Supremo, conquanto houvesse uma hierarquia de deuses populares formando autêntico politeísmo, justamente aquele que Amenhotes IV visava eliminar e estabelecer o culto verdadeiro.

Não tendo logrado êxito, foi envenenado por interessados poderosos.

Amenhotes era uma reencarnação de Misrain de Tanis, descendente de um dos fundadores pré-históricos da nação egípcia, exilado da Atlântida por ocasião da morte de Antúlio, pouco antes do grande afundamento.

Sua decisão, como era natural, desencadeou hostilidades terríveis, com profunda repercussão na massa do povo, e rebelião de países vassalos que se aproveitavam da confusão reinante para readquirir sua liberdade.

Na sua nova capital, semi-abandonado, Amenhotes IV reinou 12 anos e ali, em completo ostracismo, morreu com 29 anos de idade, sendo substituído por seu filho Tut, imberbe, que governou pouco tempo, sendo substituído a seu turno, pelo general Horemhet, que logo consolidou o culto anterior de Amon, restaurou o prestígio nacional abalado e o imenso poder do Império no Exterior.

As tradições religiosas, herdadas da Lemúria e da Atlântida, foram perpetuadas na pré-história pela fraternidade Kobda e concorreram a produzir as civilizações formadas pelos povos: sumérios, acádios, egípcios, sardos, samoíedos, dáctilos e outros que habitaram o sul da Europa, norte da África, Ásia Menor e toda a bacia da Mesopotâmia.

O culto popularizado dessas tradições era o Sol, que representava o Deus supremo e único — Aton — palavra da língua tolsteca que se pode traduzir por "altura".

O faraó Amenhotes IV foi no seu tempo o último defensor desse culto que, enquanto viveu, permaneceu e floresceu no Egito.

Este livro narra acontecimentos sucedidos primeiramente nos continentes afundados da Lemúria e Atlântida[2], aos quais são feitas somente ligeiras referências porque o que se tem em vista, realmente, é focalizar a reencarnação dos mesmos personagens através do tempo, no Egito, e que hoje sob a bandeira do cristianismo puro, realizam preciosa colaboração evangélica.

O Autor

---

[2] Para mais detalhes, consultar a obra *Na Cortina do Tempo*, do mesmo autor, Editora Aliança.

1
Reencontro

Naquela noite quente de fim de verão, devidamente aprazados, buscamos local propício para o início de um trabalho singular de estudo e rememoração do passado, não por mera curiosidade, mas para estreitamento de laços de amor entre Espíritos afins e demonstração objetiva da Lei de Reencarnação através da pré-história.

Luzes de diversas cores, refletidas nas cortinas azuis e vermelhas, davam ao local tonalidades singulares, irisadas e envolventes.

Iniciamos as ligações espirituais e, desde logo, verificamos a presença de quatro entidades: um chefe de legião índia que impedia interferências, um guia oriental, um Espírito feminino de hierarquia elevada que habita mundos superiores e descera ao nosso orbe em tarefas de altruísmo — que chamaremos Anath — e uma entidade envolta em roupagens brancas, coberta por um capuz da mesma cor, e possuidora de uma poderosa vibração magnética a qual, desde logo, definiu sua posição dizendo:

— Somente me descobrirei quando o desenvolvimento deste trabalho fizer soar para nós ambos (dirigia-se a mim, Paulo) a hora emocional das identificações; assim que os quadros de nossas vidas em comum se fizerem presentes, exigindo minha interferência direta e pessoal.

Em seguida falou o guia oriental:

— Para realizarmos os objetivos que nos reúnem, utilizaremos todas as formas de mediunidade: incorporação, vidência, audição, telepatia e desdobramento.

E dirigindo-se pessoalmente a Arturo, o médium disse:

— Quando puderes abandonar o corpo, como um pássaro que abandona a gaiola que o aprisiona, grandes vôos poderás empreender no mundo espiritual.

E dirigindo-se literalmente a mim, seu irmão e amigo:

— Para os relatos que nos interessam dos fatos do passado, estão reunidos aqui aqueles que deles participaram. O tempo nos é escasso, e o tiramos dos poucos momentos de lazer a nosso dispor nos intervalos dos nossos incessantes labores espirituais. Louvado seja o Cristo, que nos concede a permuta enobrecedora de vibrações amoráveis, nas quais se urde a maravilhosa trama da vida espiritual planetária.

E Anath falou por fim:

— O que vai ser dito e mostrado exige discrição e alto senso de julgamento. E nem tudo poderá ser revelado. Os fatos mais delicados e que infringem as leis humanas e a justiça divina nem sempre serão mostrados, mesmo quando necessários para a compreensão do sentido; assim também, nomes de certos lugares e pessoas, porque muitas delas figuram na História do mundo de forma diferente e, por isso, estes relatos não serão acreditados se divulgados na versão que lhes damos. Outros Espíritos de maior hierarquia nos apóiam e secundam esta nossa tentativa. Somos, por agora, quatro, mas formamos um grupo cujas ligações se perdem na noite dos tempos.

E prosseguiu, dirigindo-se a mim:

— Desde já quero referir-me a uma velha arca que tu conheces: aquela que costumamos abrir quando queremos consultar documentos de nossa vida comum. Estás lembrado? Ela não existe de forma concreta aos teus olhos, mas sim aos nossos. Contém doze pergaminhos de couro de cabra, enrolados e amarrados com cordéis finos e puderam ser conservados, justamente porque são produtos de nossa mente imortal e criadora. Conservam-se no grande templo de Rawalpindi, e nos montes Athos, onde missionários da Lemúria e da Atlântida levaram seus passos. Todos deverão ser abertos e revelados neste nosso trabalho de agora. O primeiro deles se refere à Lemúria.

Ali nos iniciamos naquela época, desejosos de adotar o signo branco daqueles que eram poeticamente denominados Flâmines, e nos entregamos ao trabalho de dissipação das trevas que envolviam, temerosamente, aquele povo primitivo ainda não bem consolidado na contextura física.

Desejávamos servir ao Grande Átman e nos devotarmos a trabalhos exaustivos no campo do psiquismo primário e das práticas sacrificiais, herdadas mais tarde pelos hindus da Quinta Raça com relação ao corpo humano e que eram impostas a iniciantes como nós.

Os Flâmines da Lemúria, reencarnados nos Profetas Brancos e mais tarde nos membros da Fraternidade Kobda, prosseguem nos dias atuais nos mesmos esforços junto aos agrupamentos humanos mais evoluídos, devotados à causa da fraternidade universal.

E muitos deles — rematou ela, risonha e irônica — somos alguns de nós.

A partir desse dia as quatro entidades citadas compareceram com absoluta pontualidade, e uma a uma foi sendo levantada as cortinas do tempo, desvendando fatos relacionados com as suas vidas em comum, no passado.

2
Muito Longe, na Lemúria

No segundo dia, assim que nos reunimos, aproximou-se aquele que passamos a chamar de Incógnito e disse:

— Nos mares imensos da Terra, navegadores singram rotas diferentes, para atingir portos diferentes. O mesmo se dá conosco: atingir determinado porto em determinado tempo. Para isso, agiremos até mesmo sobre as células de vossos corpos físicos, quando necessário, e eles serão preparados, iluminados, harmonizados, para se adaptarem às necessidades do trabalho.

Dirigindo-se a mim, disse:

— Sou aquele que não se identifica e falo contigo de igual para igual, sem formalidades, porque não levamos em conta as diferenças do passado, no jogo terrível dos débitos e dos créditos; aqui há somente amigos que a consciência do amor universal em Deus esclarece e nivela.

O pensamento — continuou — é a força mental que une, a força criativa que permite a manifestação livre do homem racional. Seremos aqui somente almas que se buscam para reviver as lembranças inumeráveis de um passado já bem remoto. Quanto a mim, como já disse, deixarei cair o capuz misterioso quando tratarmos das coisas que entre nós se passaram no antigo Egito.

— Já é alguma coisa saber que nosso ponto de contato é o Egito — repliquei.

— Para satisfazer em parte a tua curiosidade natural e desculpável, direi que estivemos juntos também na Grécia e na Europa, na Idade Média. Mas o que nos aproxima agora — repito — são os fatos do antigo Egito, em Tebas.

Desligou-se então, deixando uma vibração poderosa; Arturo, por exemplo, sentiu uma espécie de alongamento do corpo físico na direção do desligamento, isso, por outro lado, provou o fortíssimo entrosamento que havia entre nós e o Incógnito.

Surge então Anath, que diz com álacre graciosidade, como a querer quebrar a austeridade que ficara no ambiente:

— Observem minhas vestes! Como as vêem? Esta vantagem também a temos e, ainda mais, fabricamos a indumentária que desejamos, na forma e na ocasião desejada. Identifiquem-me por esta de hoje: é a que vou usar como coordenadora deste programa. Não é assim que dizem aí na Terra, nas atividades da televisão?

Tinha cabelo castanho escuro, penteado para trás, enrolado na nuca e preso por uma cercadura de pérolas miúdas. No pescoço alvo, um colar de pedras coloridas como águas marinhas, verdes e vermelhas, aumentando de tamanho à medida que desciam para o colo, onde formavam uma pequena cruz. O corpete justo, modelando o busto desde a cintura esbelta, terminava no pescoço por uma gola rendada vinda detrás e fechando-se à frente, ao nível da cintura, por botões grandes, redondos, de ouro reluzente. O vestido era justo, alargando-se embaixo em ondulações, com desenhos de filigranas de ouro. O rosto, oval e suave, levemente amorenado, olhos escuros, profundos, doces e cheios de enlevo, nariz reto, pequeno, e também a boca, de lábios finos e delicados; as orelhas eram miúdas, sem qualquer ornamento, aos pés, sandálias com fivelas largas, brilhantes, de cor verde, as mãos, pequenas, muito vivas, de dedos roliços.

Trazia na mão esquerda uma tela enrolada, uma prancheta e pincéis.

— Vamos trabalhar. Todos prontos?

E prosseguiu: — Não há, como vão ver, muitas diferenças paisagísticas entre a Lemúria e a Atlântida, salvo os corpos físicos dos homens e dos animais que variam bastante. Não se esqueçam de que, entre estas duas civilizações, há milênios. Utilizaremos as gravações etéreas[3] e as projetaremos na tela que trago, com os comentários necessários, que iremos fazendo passo a passo.

---

[3] Todos os fatos da vida universal, individuais ou coletivos, gravam-se indelevelmente na luz etérea, e por essas gravações tais fatos podem ser reproduzidos em qualquer tempo.

Surge na tela uma névoa esbranquiçada, que se vai descerrando aos poucos, deixando ver uma região agreste, montanhosa, de coloração cinzenta; sentia-se tristeza em olhar aquilo.

Num vale encostado a um contraforte da montanha, e que se vem aproximando da boca da tela, vai tomando forma uma construção rude, imprecisa, que se confunde com a própria montanha.

— É um templo lemuriano — diz Anath — dos poucos que havia naquela região.

Tem uma forma singular, misto de chinês, hindu e árabe. O telhado é como um V invertido, encostado ao flanco da montanha, em cuja parte inferior se via uma porta enorme, da mesma forma simplesmente saliente da montanha, como um ornato.

Enquanto a tela mostra os quadros, Anath vai esclarecendo.

— Aqui se cultivou a essência espiritual da vida, na sua expressão mais profunda e rude. Ela era ainda muito instintiva, mas a sua beleza natural estava sempre presente, atraindo a criatura, ajudando-a, visto que a mente humana era ainda muito primitiva. Entretanto, a percepção da origem espiritual era muito mais viva do que hoje, naquelas almas infantis, que eram conduzidas pelas mãos como crianças, se assim podemos dizer, pelos guias espirituais. Aqui é que se deu ao homem encarnado na Terra o conhecimento do fogo, do qual fez ele logo um culto arraigado, não só pelos efeitos observados na preservação da vida física e no seu conforto, mas principalmente como um exemplo vivo, crepitante, da presença de um deus invisível. Era na chama do lenho que esses homens antigos buscavam a divindade e acreditavam

Almas Afins

nela. O fogo era para eles o que é para nós o espírito: labareda viva que tudo ilumina e purifica.

Na tela, a visão ganhou aspecto mais vivo e movimento. O templo, na realidade, não era monumental como parecia; grande era somente o pórtico, do qual se caminhava por uma alameda arborizada, até a verdadeira entrada interna, cavada na rocha mais ao fundo como tudo o mais que dentro dele havia. Dessa entrada partia uma espécie de túnel que recebia a luz de aberturas espaçadas. Levava a uma grande caverna. Pedras laterais esculpidas revelavam a existência de verdadeiros artistas e inspirados operários.

— Os lemurianos — esclarece Anath, apontando a paisagem exposta na tela — eram realmente notáveis operários da pedra, porque as agruras da vida nas partes baixas os levaram a refugiar-se nas montanhas, onde construíam suas habitações dentro das rochas.

Surge então na tela uma entidade feminina de pele escura, aspecto rude, severo, seminua, que tomou a palavra dizendo:

— Neste templo procuramos, naquela época, valorizar o que fala ao espírito, e não a beleza da pedra bruta. Sei que estou numa extremidade e vós, na outra, da evolução terrestre, mas o nosso, naquele tempo, era o mesmo vosso de hoje, quando buscais, na revivescência das coisas do passado, novos rumos e mais elevados horizontes da própria ascensão. O lado verdadeiro das coisas, o positivo, o essencial, era para nós, que ajudávamos a guiar aquele povo primitivo, o lado espiritual que tem legítimo valor iniciático. Deste ponto, afastados da curva evolutiva planetária, nós vos saudamos e de vós nos lembramos como companheiros amados de tantas lutas difíceis, mas vitoriosas.

Falou e foi-se apagando aos poucos, desaparecendo numa névoa cinzenta.

Edgard Armond

Vivamente impressionados, fizemos uma prece, envolvendo de intenso amor aquele Espírito irmão que, para se identificar, se apresentara exatamente na forma como vivera no rude ambiente primitivo daqueles recuados tempos.

Prosseguindo, a tela mostra grande salão circular, maravilhosamente esculpido de símbolos nas paredes, vendo-se guerreiros, caçadas de animais e imagens do Sol. À direita e à esquerda havia aberturas nas paredes, formando nichos; ao centro, uma espécie de altar, encimado por uma ampla chama crepitando dentro de uma concha de pedra rodeada de outras três menores e ardiam resinas em outros pontos, em outras conchas, iluminando a sala enorme.

Dentro dos nichos, talhados na parte superior das paredes, em forma de abóbadas, havia corpos mumificados, enrugados, escuros e uma luz vinha do Alto, focalizando uma por uma essas múmias humanas.

Na tela vê-se uma porta que se abre ao lado direito da sala e outra do lado oposto, tendo o altar de permeio, ambas fechadas.

— São portas que levam às câmaras dos sacerdotes e das sacerdotisas do Templo — explica Anath. Neste templo se preparavam sacerdotes dotados de fortes poderes ocultos, aptos ao trato de coisas referentes ao mediunismo primitivo, que, portanto, era recurso de intercâmbio já utilizado naquele tempo e valeu desde o início aos guias do mundo, como forte auxílio de trabalho e de realizações espirituais.

— Não é preciso lembrar — diz ela — que esse grande continente desapareceu nas águas do oceano há muitos milênios. Para nós, no momento, ele é somente um ponto de partida para esta narrativa.

Ali nasceram os homens da 3ª Raça-Mãe, de formação física ainda não bem definida.

Na costa ocidental o continente era habitado por homens de tamanho avantajado que tinham por moradia inúmeras grutas existentes nas montanhas.

O mundo físico naqueles dias ainda estava submetido a constantes alterações estruturais e climáticas, que tornavam a vida muito difícil e cheia de perigos sobretudo nos baixios.

3
Na Atlântida

Vê-se um templo extraordinariamente semelhante ao anterior e como aquele, também construído na rocha, em um flanco da montanha.

Uma chama arde na pedra, na parte superior do altar e sobre este acha-se um grande livro, em que as páginas são lâminas finas de ouro, tão puro como as que formam o teto do templo; o que se pode ler no livro está escrito em caracteres semelhantes aos cuneiformes adotados mais tarde pelos assírios e caldeus.

Há uma penumbra suave no recinto amplo que torna imprecisos os detalhes mais recuados; para fora vê-se um pátio circular e, a intervalos regulares, conchas de pedra cheias de óleo embutidas nas paredes que ardem iluminando em volta; anteparos de metal amarelo protegem as chamas contra o vento para que não se apaguem, e o chão rústico, de lajes polidas, reflete essa iluminação exterior, formando ilhas de sombra aqui e acolá.

Junto à tela, surge Anath, que explica:

— Transmitiremos imagens telepáticas e sonoras que vão ao cérebro e ali cada coisa toma seu destino certo; as primeiras já chegam traduzidas, e as segundas reboam na parte perispiritual. No cérebro, estas ondas mentais ou sonoras somente vêm para as complementações no campo físico e por isso é que projeto os quadros na tela para as devidas confrontações. Este quadro — continua ela — se desenrola no átrio do templo, onde se reúnem os iniciantes ao sacerdócio. Este é o templo de Imatan.

Abre-se uma porta do átrio e surge um sacerdote de altura média, magro, cabeça alongada e rosto ovalado, os olhos fundos e os zigomas salientes dão-lhe um aspecto de rudeza, confirmado pela cor bronzeada e a forte compleição física, usa sandálias de couro cru, presas às pernas com tiras trançadas, traz uma túnica ampla de azul forte e sobre os ombros uma pequena capa aberta na frente.

Ele se ajoelha, concentra-se ali mesmo sob a luz, e seu Espírito em breve se desprende parcialmente na prece ardente que faz ao Deus Supremo. É um sacerdote menor da classe daqueles que jamais abandonam o templo e cuidam dele. Depois de certo tempo levanta-se, e ao virar-se para se retirar, Anath projeta sobre ele um jato de luz forte e rósea de seu próprio tórax, que ele recebe no mesmo instante e, voltando-se, sorrindo, saúda a ela dirigindo-se a mim:

— Ele e tu são o mesmo Espírito.

Logo depois abrem-se as portas fronteiras e saem sacerdotisas e sacerdotes em fila; elas, com longas túnicas esvoaçantes muito alvas, a que vai na frente levando na mão uma pequena tocha acesa, e os iniciantes precedidos por sacerdotes instrutores. Avançam até o meio do átrio e sentam-se em cepos de madeira, formando círculos concêntricos, sendo o do exterior o dos iniciantes, o segundo, o dos sacerdotes instrutores e o mais interno o das sacerdotisas, por último, ainda, no centro de todos os grupos, coloca-se a sacerdotisa que vinha em primeiro lugar e trazia um facho. Pudemos então verificar que a sacerdotisa e Anath eram a mesma entidade espiritual porque, no quadro, as imagens se sobrepuseram uma à outra, rapidamente, para que isto se visse.

O nosso atual companheiro, o Incógnito, estava também sentado entre os iniciantes. Num cepo mais alto, como um trono, fora dos círculos e junto ao altar, sentou-se um ancião de longas barbas em ponta, olhar bondoso, fronte alta e elevada estatura.

Todos os que ali estão têm cor acobreada, mais ou menos escuros, porém as fisionomias eram espiritualizadas.

Eram doze iniciantes, doze sacerdotes e doze sacerdotisas, além da que se sentara ao centro e do sacerdote maior sentado junto ao altar.

Diz Anath:

— Ela vai ser sagrada sacerdotisa maior agora. Observem.

Ouve-se um canto harmonioso, suave, que vem do interior do templo; é uma canção dolente, monocórdia, acompanhada de instrumentos de corda que não se deixam ver; vem do coro de sacerdotisas iniciantes, as quais se acham no aposento contíguo, fora dos círculos.

Reina ali uma atmosfera de misticismo puro e forte, que se afirma e se demora, um arroubo de almas para o Criador Supremo, dentro do qual todos vão aos poucos caindo em transe, que se acentua à medida que o canto se eleva mais forte e mais firme para o Alto e os Espíritos vão se desprendendo e volitam pelo ambiente esfumaçado ou se colocam em determinados lugares, enquanto inúmeros outros também se agrupam aqui e ali para assistir à cerimônia.

Cessada a música, o Venerável se levanta, toma de um incensório posto a seus pés, verte sobre as brasas um pó branco e arenoso tirado de uma caixinha de metal dourado, e uma chama azulada se levanta, crepitando, deitando fumaça esbranquiçada; o perfume que se evola, doce e forte, aumenta o desprendimento dos que estão em transe e é aspirado com prazer evidente pelos desencarnados assistentes da cerimônia.

O Venerável estende o braço direito para a chama que está sobre o altar e que agora tem a forma de uma língua de fogo, e então ela crepita mais forte, balança-se, cresce de tamanho, "levanta-se para cima", e por fim, lança uma fulguração rápida que clareia todo o átrio e se condensa sobre a sacerdotisa no centro dos círculos. Junto ao Venerável, forma-se uma figura materializada que volteia para o centro e se posta junto à sacerdotisa em transe profundo. Estende os braços na direção dela até que pouco depois ela se contorce, espuma ligeiramente pela boca, geme, e por fim se levanta, completamente envolvida e firme, saúda a todos e profere uma longa prece de louvor ao Grande Espírito.

O Venerável, levantando-se, pronuncia agora as palavras rituais da consagração:

— O grande templo do Senhor, em Imatan, recebe a sacerdotisa Marani. Foi provada e triunfou. Sob a evocação do Grande Espírito nós te consagramos para o culto sagrado como porta-voz e como olheiro que tudo vê. Que as glórias e as penas do serviço diário deste Templo sejam suportadas por ti enquanto viveres.

⇜ Almas Afins

Estávamos atentos e estranháramos as dificuldades reveladas pela sacerdotisa no transe, mormente em se tratando de uma sagração de sacerdotisa maior.

Lendo nosso pensamento, Anath falou, explicando:

— Foi a cortina vibratória que se rompeu; a sensibilidade mediúnica não existe somente para fluidos pesados que tanto maltratam os servidores; os Espíritos de hierarquia superior necessitam também de sensibilidade maior e mais perfeitas condições mediúnicas; o mal-estar demonstrado por Marani foi provocado justamente pelo rompimento da barreira vibratória de acesso a faixas espirituais mais elevadas, mas agora poderá ela ser flexível a manifestações de qualquer espécie e qualquer grau vibratório, tornando-se assim uma intermediária perfeita para o intercâmbio espiritual.

Por isso é que o Venerável disse na sagração "foi provada e triunfou".

4
No Templo de Imatan

    Via-se uma ala do templo onde existiam jardins bem cuidados, bosquetes de arvoredo baixo e arredondado. Junto a uma espécie de caramanchão, formado por belíssima trepadeira azul, viam-se três pessoas: aproximando-se mais a tela, vimos que eram Zaltan, o sacerdote menor, Marani e mais um jovem de uns vinte anos, de cabeça grande e fronte elevada. Vestiam uma túnica curta, que lhe ia até o meio das coxas, deixando os joelhos a descoberto. Todos surgiram na tela como uma pintura mas, a dado momento, começaram a mover-se, ganhando vida.

Marani adiantou-se à frente deles, entrou pela alameda lateral florida, que corria para fora, paralela ao átrio, e aproximou-se de uma cavidade na rocha onde se dissimulava uma porta com um reposteiro à frente, vermelho vivo, que afastou ao entrar. Era o seu aposento íntimo: uma cama rústica formada por um estrado de tiras de couro trançadas, enxergão de palha macia, coberta por uma colcha alva. Em um nicho na parede, um pequeno armário e, junto à porta, um outro menor, com uma ânfora de água e objetos de uso.

Ela usava sandálias de pontas curvas e uma túnica branca bem curta sobre o busto. Colocou aos ombros um manto de cor azul, preso ao pescoço por dois cordões coloridos. De sobre um tamborete, apanhou um instrumento de cordas, igual aos que eram usados no Templo pelas sacerdotisas menores e saiu de novo, reunindo-se aos companheiros que haviam ficado à espera.

Seguiram pela alameda florida, atravessaram um pátio coberto de cascalho e passando por uma pequena porta na muralha exterior do templo, acharam-se enfim fora dele, em plena montanha.

Seguiram por uma viela ao lado do Templo, subindo sempre, até o cimo da colina rochosa ao pé da qual estava a construção e pisavam cuidadosos sobre as pedras escuras e lisas do calçamento esverdeado pelo limo das intempéries e da sombra espessa das árvores marginais. A certa altura, desviaram-se para um cruzamento, desceram alguns degraus lavrados na rocha e, ao fim de uma pequena trilha, chegaram à margem de um lago de águas mansas e claras, que vinham cascateando de cima, no leito empedrado e de forte desnível.

O auxiliar trazia um maço de pergaminhos, um boiãozinho contendo tinta escura e um fino pincel; as folhas de pergaminho eram presas umas às outras por furos feitos ao lado esquerdo e pelos quais passava um fio de couro fino.

Sentaram-se à beira do lago com a água quase a lamber-lhes os pés e, após um pequeno repouso, Marani se levantou, dizendo:

— Liguemo-nos agora ao Grande Espírito; estou inquieta e emocionada, não sei porquê.

Tomou o instrumento, tangeu as cordas e começou a cantar uma canção mística, suave e lânguida que os companheiros acompanhavam ritmadamente com as mãos em concha.

Após o canto levantaram os braços, formando em cima, com as mãos unidas, um triângulo, e assim ficaram, de olhos fechados, fortemente concentrados até que, dentro em pouco, desceu sobre eles um facho brilhante e forte, de luz amarelada.

Terminada a prece, sentaram-se de novo, menos Zaltan, cujo semblante se achava demudado e pálido, e o corpo enrijecido. Forte luminosidade o envolvia e viram logo que estava em transe. Auxiliada pelo companheiro, Marani fê-lo sentar-se numa pedra em separado e colocaram-lhe sobre os joelhos o caderno de pergaminhos e na mão direita o auxiliar fixou-lhe o pincel já molhado na tinta e enquanto aguardavam seus movimentos, formaram uma corrente de apoio: o auxiliar, com as mãos sobre seus pés e Marani, sobre sua cabeça. Daí a momentos ele começou a escrever desembaraçadamente, enquanto o auxiliar ia virando as páginas, sempre atento aos movimentos de sua mão.

Ao terminar, pousou o pincel e acordou do transe, dentro do silêncio comovido e respeitoso que se estabelecera, somente quebrado pelo rumorejar da água que descia sempre pelo seu leito de pedras, engolfando-se no lago.

— Vamos agradecer — disse Marani — a comunhão estabelecida com os poderes divinos.

Após isso, mudam de lugar e iniciam um curioso exercício de transmissões telepáticas, projetando entre si pensamentos e imagens e recolhendo-as uns dos outros. Era um exercício obrigatório a que se submetiam todos os iniciantes e que gostavam de fazer ali junto ao lago por crerem que as forças livres da Natureza lhes seriam mais propícias que o silêncio rígido e místico do recinto sombrio do Templo. Criam-se, ali, mais perto de Deus, eis tudo, e sua fé, pura e simples, agia como incentivadora de um trabalho que sempre resultava benéfico e construtivo.

Outras mensagens vieram e, por fim, uma última que os deixou realmente impressionados dizia: "Voltai aqui logo pela manhã, pois há instruções urgentes a vos transmitir. Paz convosco".

— Quem ditou esta mensagem — disse Marani — foi uma entidade moça, de porte altivo, que se achava junto a uma venerável criatura, já vista várias vezes por mim no Templo.

— Sei a quem te referes, Marani — acrescentou Zaltan — já vi também esse Espírito. Voltaremos, pois, amanhã. Desçamos agora, que se aproxima à hora da prece vespertina.

E quem por ali passasse logo veria, no jardim aberto do pátio interno, o grupo de iniciantes encaminhando-se para o interior do Templo onde o gongo do salão central desferia suas notas imperiosas de chamada; à frente deles seguia Zaltan, que aparentava uns 30 anos, e junto dele Marani, um pouco mais jovem.

Na tela apagaram-se as imagens e ouvimos a voz de Anath dizendo:

— Os fatos que estamos reproduzindo se deram no período que dista uns sessenta mil anos a contar de hoje para o passado, na velha Atlântida, antes do primeiro grande afundamento.[4]

---

[4] Ocorreram dois afundamentos no continente atlante. Vide *Os Exilados da Capela* e *Na Cortina do Tempo*, do mesmo autor, Editora Aliança.

5
Inquietadora Revelação

Anath entrega, de início, uma flor a cada um de nós.
— Nossa narrativa — diz ela — visa somente os fatos de maior importância, e o fazemos em relatos curtos, sem detalhes, personalizando o menos possível.
Desenrolou a tela e mostrou os quadros.
Junto a uma rocha, perto do lago já conhecido, acendeu-se no chão uma fogueira em homenagem ao Deus da Luz e sobre ela, momentos depois, veio do Alto um forte clarão; em volta vemos novamente os três protagonistas. Estão concentrados fortemente, e de Marani flui intensa onda de ectoplasma que aos poucos se vai condensando a

alguns passos do grupo. Por fim toma corpo uma entidade: é um velho, com a indumentária de sacerdote maior, semelhante àquele que vimos sentado em um mocho, fora dos círculos rituais, na cerimônia da sagração de Marani.

Este possui barbas amplas e brancas esparramadas sobre o peito e cabelos bastos e descuidados caindo nos ombros; orelhas grandes, nariz achatado e queixo saliente, tudo porém formando um conjunto harmonioso, com transparente bondade a bailar-lhe nos olhos escuros e forte luminosidade a envolvê-lo.

A materialização não passou de **luminosa**, porém cerrada, e quando foi suficientemente nítida, ele levantou os braços e abençoou o grupo; o quadro se imobilizou por uns momentos, mas fez-se ouvir distintamente o diálogo que se travou entre eles:

— Que desejais de nós, venerável Espírito? — perguntou Zaltan. — Aqui estamos, obedecendo ao teu chamado.

— Meus filhos: Ireis ouvir uma inquietadora revelação. Buscai asilo o quanto antes, em outras terras. Retirai-vos daqui o mais depressa possível, porque uma grande desgraça sobrevirá a este país, atingindo a todos aqueles que aqui vivem ou aqui permanecerem. Todos. Ninguém escapará. Ide em busca de outras terras e o Supremo Espírito velará por vós.

— Mas, por que isso tão de repente? E por que, venerável benfeitor, fomos nós escolhidos para receber esta terrível notícia e não outros mais autorizados?

— Não me haveis, porventura, convocado ontem? Não acendestes o fogo em homenagem ao Grande Espírito? Compareço para atender o chamado em nome dele. Mas saibam que, quando os servidores do Templo se reunirem para os rituais sagrados ao cair da noite, estaremos também com eles e lhes daremos aviso semelhante. Todos aqueles que devem ser salvos serão avisados. Apressai-vos, pois tendes apenas quatro luas para acolher-vos a outros lugares mais seguros.[5]

A forma luminosa desfez-se, enquanto os três sensitivos, voltando à realidade ambiente, olhavam-se apreensivos e surpresos. Nos trabalhos do Templo eram comuns as materializações, porém o privilégio que julgavam ter, de serem procurados em primeiro lugar por entidade tão venerável, deixava-os estonteados, não sabendo como agir.

Desceram rapidamente a colina, e no caminho encontraram um companheiro do Templo, também iniciante, que, percebendo-lhes a preocupação, os interrogou a respeito.

— Tivemos uma visão diferente, nada mais — responderam.

Nesse instante, parados, estavam perante um maravilhoso panorama: à distância de alguns quilômetros, lá para baixo, no planalto verdejante, vê-se o casario branco de uma cidade, cujos telhados dourados refulgem ao sol da manhã. No centro destaca-se um grupo de torreões arredondados, intercalados de terraços, de um dos quais sobe uma fumaça branca com chamas vermelhas fulgurando por baixo.

Olhando aquele espetáculo, esqueceram-se das preocupações, tão belo era, com o disco solar subindo por detrás das montanhas, rodeado de fulgurações douradas.

— Nossos irmãos do Templo de Isloan — diz Marani — estão atentos.

E com um tom cerimonioso na voz:

— A chama viva, que é uma homenagem ao Grande Espírito, encobre todavia maldades humanas que não se apagam nunca.

---

[5] Idêntico aviso foi dado em outros templos no país.

— Sim — retrucou Zaltan —, mas talvez em breve se apaguem. Tão depressa assim se te varreu da memória o que acabamos de ouvir na colina? Quais serão os preferidos para a salvação?

A esta severa advertência, Marani silenciou, e todos se apressaram em regressar ao Templo, onde penetraram apreensivos e silenciosos.

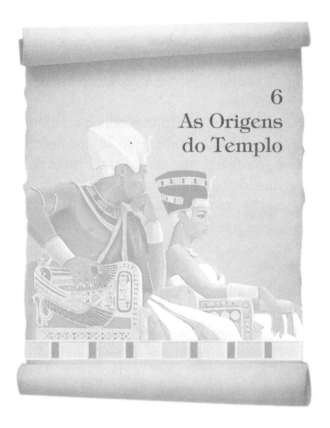

6
As Origens do Templo

Desta vez, em primeiro lugar, veio o Incógnito, que disse:

— A rememoração que estamos fazendo representa, como já sabem, compromissos do passado. É uma revivescência de coisas passadas dentro de seitas e ordens religiosas onde penetraram para a realização de ideias próprias, de caráter universalizante. Por isso vos digo: apegai-vos a estas lembranças, a fim de que o presente seja melhor aproveitado. Tudo o que fazemos fica registrado na Luz Etérea e é com o auxílio desses registros que esse passado pode ser atualizado. Os quadros exibidos representam as facetas mais expressivas da Verdade que podia ser dada aos homens daquelas épocas remotas e bárbaras mas que, nos templos, se cultivava de forma talvez mais objetiva e sincera do que hoje nos vossos, quando a vida material absorve a melhor parte de vossas possibilidades espirituais.

Em seguida, veio Anath dizendo que, além do que já se fazia no sentido da segurança e do controle mediúnico, ainda mais se iria fazer, porque além da projeção telepática no cérebro e da vidência no quadro, ainda haveria a escritura do assunto logo abaixo na tela.

Anath abriu um painel em branco, bem maior que o anterior, e nele logo se viu a entrada lateral do Templo. A inscrição abaixo dizia: **Porta Leste — no vale do Imatan**. Com um compasso, traçou um círculo em torno do Templo, fechando dentro dele uma região formada de maciços e morros, vistos de cima para baixo. Quase não se via o Templo, confundido como estava com a montanha, assim como um de seus flancos, com entrada por um vale agreste.

— Como o da Lemúria — disse ela — que já conhecemos, este Templo de Imatan quase não é visível; é todo construído na rocha e somente afloram algumas saliências e paredes laterais que parecem contornos da própria montanha. Naquele tempo, muito mais que agora, as tentativas de aprimoramento moral, intelectual e psíquico eram mal vistas, sofriam perseguições atrozes da parte dos poderes dominantes; imperava a mais terrível intolerância religiosa, como se viu também mais tarde em outras épocas, inclusive na vossa Idade Média entre católicos, protestantes, muçulmanos e outros credos; os dominadores daqueles tempos, como hienas cruéis e famintas, lançavam-se contra todos os que não seguiam as regras, os costumes e as leis da comunidade social primitiva e bárbara. Este Templo de Imatan era dedicado exclusivamente ao Bem e fora edificado pelos Profetas Brancos de Anfion em épocas anteriores. Por isso era subterrâneo e escondia o culto, que ficava assim indevassável, e protegia seus adeptos das garras dos opressores profitentes dos cultos oficiais nessa data já em franca degeneração psíquica. Tem ele uma história que convém contar:

"Esta região serviu, outrora, de palco de combates e extermínios, rivais cruentos, entre as tribos locais. Os vivos se haviam esquecido do passado, mas os desencarnados, não: apegaram-se ao solo e de tal zelo se animavam e tal era o desconhecimento que tinham em relação à vida após o túmulo, que se organizaram em comunidade e passaram a perseguir e afugentar todos os que por ali transitavam. O vale tornou-se uma região amaldiçoada, cujo nome se traduzia por *O vale das fúrias*, e tais foram os feitos desses Espíritos que a grandes distâncias os viajantes se desviavam de suas rotas para passarem ao largo, evitando esses ataques invisíveis dos quais não era possível se defenderem. Assim, aproveitando-se dessa situação, foi que os fundadores escolheram tal lugar para edificar seu Templo. De início houve hostilidades e violências por parte dos Espíritos que não concordavam com a invasão de seus domínios mas, mesmo assim, os sacerdotes penetraram no vale, escavaram as rochas e efetivaram a construção. E, com o decorrer do tempo, doutrinaram e esclareceram aqueles seres ignorantes que, então, aos poucos foram passando para o lado deles, frequentando o Templo nas suas reuniões benéficas, auxiliando nos seus trabalhos mas, ainda assim, prosseguindo na vigilância rigorosa do vale, para evitar hostilizações vindas de fora. Por isso o Templo sobreviveu, apesar de muitas vezes atacado por forças poderosas que, todavia, não resistiam às legiões desencarnadas da vigilância, que furiosamente o defendiam."[6]

Agora vemos a cidade da planície. Já se haviam passado vários dias. Em uma das casas, logo à entrada, vivia um pastor com seu rebanho. Seu nome era Tamor. Sua função principal, todavia, não era cuidar do rebanho, mas servir de olheiro do Templo, transmitindo aos sacerdotes as notícias que lhes pudessem ser de utilidade.

E, nesse dia, logo de manhã, ei-lo de caminho, apressurado, com a notícia: a cidade estava inquietas, reinava confusão e descontentamento. O povo se amotinara e marchara para a sede do governo, havendo combates e mortes nas ruas. A razão disso era que a região, anteriormente pródiga de fontes de água e bebedouros, se via repentinamente ante poços secos e fontes estanques e, como nenhuma providência ou explicação fora dada, surgiu a revolta e depois o pânico.

Recebida a notícia, o sumo sacerdote reuniu os mais categorizados sensitivos, inclusive Marani, e veio a saber que se aproximava da órbita da Terra um astro em desagregação, e que este, ao entrar em contato com a atmosfera terrestre, estava provocando fenômenos terríveis em muitas partes do globo, sobretudo chuvas torrenciais e quedas de meteoritos. Para aquela região, o primeiro sinal daquela visita insólita estava sendo a secagem das fontes e dos rios, mas haveria coisas mais graves a suceder.

Esta revelação fora dada pela entidade que já havia avisado aos três iniciantes dias atrás, e que somente agora achara oportuno esclarecer à direção do Templo.

---

[6] Fenômeno semelhante a História registra como tendo ocorrido no Templo de Delfos, na Grécia, na primeira invasão persa.

Naqueles tempos recuados, a Natureza era por demais agreste e violenta, ocorrendo continuamente fenômenos como terremotos, erupções vulcânicas, inundações, etc.

A secagem das fontes desorientou a multidão porque não havia correntes de água doce naquela região, num raio de centenas de quilômetros; era uma região estéril e arenosa, o povo se aglomerava nos vales, onde havia água em lençóis subterrâneos, e sua vida em grande parte dependia disso. Quando as fontes inesperadamente secaram e o povo não encontrou explicação ou auxílio por parte dos homens dominantes, alarmou-se e preparou-se logo para emigrar, mas essa providência também lhe foi negada, porque emissários enviados às regiões mais próximas voltaram com a notícia de que o mesmo fenômeno se verificava por toda parte, não havendo lugar algum de refúgio e segurança. Mas, mesmo assim, a emigração começou através de uma região deserta, pedregosa, sem uma gota d'água, perecendo a quase totalidade dos que a empreenderam.[7]

---

[7] O mesmo fenômeno se deu em outras regiões do continente, em outras épocas. Veja *Na Cortina do Tempo*, já citado.

7
Astro em Desagregação

Na reunião daquela noite, o sumo sacerdote expôs a situação e esclareceu que aqueles acontecimentos marcavam o início de uma fase verdadeiramente caótica para o país, estando anunciadas coisas muito piores. As populações das tribos e das províncias, como lobos vorazes, se entrechocavam e se devoravam, aliando-se e obedecendo cegamente a agentes das forças das Trevas.

— Devemos, pois, aguardar dias terríveis — disse ele — e a nossa permanência neste Templo fica dependendo da vontade do Grande Espírito, a quem servimos e obedecemos. Acondicionem alimentos e vigiem os lençóis subterrâneos que passam ao fundo da cripta inferior, porque disso, também para nós, vai depender qualquer decisão vital a tomar amanhã.

Via-se na tela a linha sinuosa formada pelos retirantes que abandonavam a cidade, caminhando penosamente na direção do poente, para o lado do mar como também, noutro ângulo, a multidão revoltada e enlouquecida de terror, aglomerada nas praças e ruas da cidade, sem saber o que fazer. Foi quando uma voz roufenha gritou dentro da turba:

— E no Templo de Imatan, será que também lá não há água? Por que não vamos ver?

E logo se destacaram muitos e foram seguindo apressados na frente, com mortal decisão estampada nas fisionomias convulsas mas, não tão depressa como o olheiro do Templo, que, por veredas somente dele conhecidas, chegou primeiro e deu o alarme atemorizador:

— A multidão vem vindo aí para atacar o Templo em busca de água.

Num momento o gongo soou imperioso; as portas exteriores se fecharam e foram escoradas por dentro, e o sumo sacerdote, após dar as providências indispensáveis e já previstas para a defesa interna, reuniu-se no salão central, junto à cripta inferior, para implorar a proteção do céu.

Mal compareciam os primeiros convocados e já Marani caía em transe profundo e permanecia inerte no chão; Zaltan postou-se ao seu lado e tomou-lhe as mãos nas suas para somar suas forças às dela. E logo Marani começou a falar, em voz rouca e autoritária:

— Nada temais, eu comando as legiões da defesa, estaremos a postos e ninguém penetrará no Templo. Mas quero que estejais reunidos, dando-vos as mãos, para formar uma corrente poderosa na qual refaremos, quando necessário, nossas energias porventura desfalecidas.

E, pouco depois, houve estrondos nas montanhas, blocos enormes de pedra rolando sobre os caminhos, e gritos e blasfêmias de assaltantes feridos e aterrorizados.

E, ainda desta vez, os Espíritos donos do vale defenderam valorosamente seu lendário patrimônio.

O tempo escoou rápido e chegou logo o dia das calamidades maiores.

Vê-se agora o astro em desagregação que se aproxima; já havia penetrado bem na atmosfera da Terra e parecia um fogo de artifício, com explosões e relâmpagos de instante a instante. Em poucos dias tomara grande parte do céu, no nascente, iluminando as noites com uma luz enorme, avermelhada e sangrenta. Nos litorais, via-se na tela como as águas do mar submetidas a fortíssimas atrações da parte da massa do astro tão próximo se deslocavam de seus leitos abismais e se projetavam sobre as terras, submergindo-as, enquanto a desagregação contínua fazia chover sobre a Terra blocos de matéria sólida que, ao contato com a atmosfera se incendiavam, projetando-se ao solo, abrindo crateras e produzindo abalos e incêndios terríveis.

Vê-se em dado momento um grande bloco desprender-se, fender o espaço e projetar-se no mar, submergindo em fortes escachôos; logo depois outro, menor, com um imenso clarão, cair sobre a cidade vizinha, esmagando-a e incendiando-a em poucos minutos.

Por todos os lados viam-se falanges numerosas de Espíritos desencarnados envergando túnicas brancas, recolhendo no Plano Espiritual inumeráveis vítimas da hecatombe. Em torno à cidade flagelada, formou-se um vaivém incessante de assistentes espirituais, que subiam e desciam numa faixa de luz branca, conduzindo almas nos transes aflitivos da morte.

Nos seus redutos subterrâneos, os sacerdotes iniciavam a fuga, após haverem lutado bravamente para subsistir em meio àquelas calamidades; na manhã tenebrosa, com a região toda envolta num halo de luz arroxeada, tomaram apressadamente as veredas ínvias que atravessavam o deserto na parte menos árida, na direção do Oriente, pois esta fora a ordem que haviam recebido dos Guias Espirituais do Templo.

— Fuja depressa na direção do Oriente até encontrardes o mar.

Onde deteriam seus passos? Não o sabiam. Em todo o continente flagelado, quem poderia saber alguma coisa com segurança?

Os quadros se sucediam agora na tela mais rapidamente: mostravam como somente poucos iniciantes e sacerdotes conseguiram suportar as agruras da marcha e abandonar o país antes que os momentos finais chegassem; os dias sombrios em que os cataclismos estavam em plena fúria no céu, na terra, no mar, destruindo tudo, antes que o continente todo afundasse nas águas, deixando as montanhas mais altas aflorando; alguns barcos, que lutavam no oceano encapelado, apinhados de fugitivos e, entre eles, um que uma faixa de luz amarela focalizava mais detidamente sobre o qual uma figura luminosa pairava como proteção e, por fim, o oceano acalmado, sob a luz de um sol brilhante e claro, e uma nave que vai por ele singrando, ao longe, bem na fímbria do horizonte azulado.

O painel ficou limpo, as imagens se apagaram e ouvimos, por fim, a voz comovida de Anath, dizendo:

— Este é o fim da nossa participação humana como componentes da 4.ª Raça na Atlântida. Nosso futuro, agora, está no Oriente.

8
No Antigo Egito

No oceano muito calmo o disco do Sol parecia submerso pela metade e, partindo dele, foi surgindo e chegando para nós, na tela, a velha arca já conhecida, com os pergaminhos amarelados depositados no fundo. Como se tirado por mão invisível, um deles saltou para fora, desenrolou-se, deixando ver escrito no bordo inferior o seguinte: "Tebas. Reinado de Amenhotes IV — 1383 a.C.". Da mesma forma reenrolou-se, voltou para dentro da arca e esta, a seu turno, também se fechou, deixando cair a tampa com forte batida, e desapareceu.

Edgard Armond

O grande rei Amenhotes III, além de muitas conquistas e vitórias sobre os sírios e outros povos que avassalou, construiu monumentos, entre os quais o templo de Luxor, a leste de Tebas, e uma grande avenida com colunatas de 65 pés de altura.[8]

A linhagem real era feminina, e o rei era considerado "irmão celeste" da rainha, porém, como rei, representava Amon — o senhor dos deuses — sendo, como tal, o chefe religioso da nação, e seus filhos considerados "filhos de Deus".

O Templo estava ligado ao de Karnac por uma avenida de 122 esfinges talhadas em pedra arenosa; possuíam corpo de leão e cabeça de homem, tal como a Grande Esfinge edificada junto às pirâmides, não se sabendo até hoje, por quem.[9]

Esse soberano construiu também um grande lago artificial em quinze dias, movimentando oitenta mil trabalhadores escravos, que cavavam a terra enquanto outros duzentos e cinquenta mil a removiam em cestos, formando taludes.

Como ainda acontece hoje, os Templos exigiam doações consideráveis, pois mantinham vultoso corpo de sacerdotes que viviam quase na ociosidade. Os sumo sacerdotes de Amon eram as pessoas mais ricas do Egito, cujas terras, em grande parte, pertenciam ao Templo e recebiam, além de tudo, imensas doações dos saques provenientes das guerras de conquistas nos países vizinhos. Imenso, pois, era o seu poder em todo o vale do Nilo.

O grande Templo de Tebas, com as suas escadarias monumentais e caprichosas colunatas era construído de puro granito, sendo as colunas de granito cinzento, e as escadarias, de granito rosa. O contraste de cores, sob a luz intensa

---

[8] 19,8 m.

[9] A tradição informa que essas construções foram erguidas por descendentes de exilados da Capela encarnados na Atlântida.

do Sol, era impressionante. As pedras foram trazidas de vários lugares das proximidades, e de distâncias consideráveis, que consumiram esforços tremendos para serem deslocadas; somente o poder absoluto dos faraós e o regime da mão-de-obra escrava poderiam possibilitar tal empreendimento.

Conquanto monumental, esse Templo ficou longe da grandiosidade dos monumentos da pré-história como, por exemplo, as pirâmides e a esfinge construídos pelos exilados atlantes, fundadores da raça como Hilcar, Hermes e seu irmão Asclepius, Betemis e seu filho Misraim que, para alguns autores foi o verdadeiro fundador da raça egípcia, com Hermes como sacerdote maior.

Estamos agora frente ao Templo. Observa-se enorme movimento e o vaivém do povo que entrava e saía, subindo e descendo a escadaria monumental. À esquerda, do lado de fora, veem-se dois sacerdotes vestindo túnicas largas e soltas, de tecido amarelo desmaiado, tendo atravessadas sobre o peito peles amarronzadas de leopardos. Ambos têm as cabeças rapadas.

Subindo as escadarias, penetra-se no átrio rodeado de altas colunas. De cima, olhando-se para baixo, enxerga-se bem em frente a parte baixa da cidade e a região do porto, com o seu casario humilde à beira do rio e, à esquerda, um pouco mais ao longe, a Casa Dourada, residência oficial do faraó.

Atravessando o átrio, penetramos no verdadeiro recinto do Templo onde as colunatas laterais formam três naves paralelas e separadas. Pelas paredes, e tomando grande parte delas, predominam os motivos que têm o disco solar como centro ou base. Ao fundo vê-se uma pequena escada que leva a uma espécie de altar, colocada em nível mais elevado.

Ao centro, frente à portada principal que liga ao átrio, um grupo de três estátuas: a do centro, somente em meio-busto, assentada sobre um pedestal, é Hórus; a da direita, de pé, em corpo inteiro, é Ísis; e a da esquerda, de igual forma, Osíris: é a Tríade egípcia. Por outros lugares do Templo, acham-se os demais deuses secundários, a saber: Hactor, que governa os nascimentos e o destino; Konsu, deus do tempo e da Ciência; Aaj, deusa da Lua; Anúbis, o guia da morte; Basté, deusa das paixões animais e da caça; Nepher-Atmu, deus do crescimento e da vegetação; Ptah, deus criador e artífice; e outros, do panteão popular.

No grupo da Tríade, Ísis tem na mão uma argola com uma ponta parecida com uma chave: é o Aerus, símbolo do poder real e, do outro lado do grupo, o deus tem cara de falcão.

Os faraós das antigas dinastias recebiam iniciação religiosa nos templos, reunindo assim todos os poderes, porém, na parte religiosa atinham-se ao grau iniciático que atingiam na iniciação.

Eram chamados "Filhos de Osíris", mas a verdadeira força iniciática no sentido feminino estava com Ísis — a deusa do silêncio — representada sempre com um dedo sobre os lábios. Também era de praxe que a rainha, ou quem suas vezes fizesse, fosse sagrada sacerdotisa de Ísis.

No centro do vasto recinto, sobre um suporte de granito, há uma pequena concha de pedra escura, acima da qual, bem no alto do teto, vê-se um olho aberto projetando sobre a água da concha uma faixa da luz dourada do Sol que brilha lá fora, quase a pino; na faixa de luz bailam insetos minúsculos e miríades de grânulos de pó.

Lateralmente, vêem-se várias portas e, por uma delas, ao lado direito, passa-se para um terraço aberto onde há um grande disco de bronze reluzente, com asas que o cobrem na parte de cima: é um gongo; pelas paredes laterais correm

⇥ Almas Afins

canteiros floridos, onde predominam várias espécies de arvoredo baixo, em tufos de verde vivo.

Dispostos em simetria ao longo das paredes vêem-se bancos rústicos de pedras rosadas, onde se acham sentados vários moços, vestindo túnicas pardas e curtas, que não descem além do meio das coxas e cujas cabeças são rapadas; tranças de couro cingem as túnicas à cintura. Alguns deles desenham caracteres de escrita sobre papiros outros gravam letras ou símbolos diversos em tábuas de argila e um outro, mais em evidência e isolado, desenha um falcão; a luz, incidindo sobre ele, mostra o jovem auxiliar do Templo da Atlântida sobrepondo-se ao atual para provar a identidade. Um instrutor passeia entre eles.

Anath informa:

— São aprendizes do Templo, nos termos da iniciação sacerdotal que ali se adota com desmedido rigor.

Por sua vez, a luz incide sobre o instrutor, e vemos que é o mesmo iniciante que se juntara ao grupo que descera a colina do templo atlante, após a aparição do sacerdote, no remoto passado. Seu nome atual é Harneth, auxiliar de confiança do sumo sacerdote do Templo.

Vemos agora um tabuleiro de xadrez, cujas peças são movidas com rapidez por mãos misteriosas e por fios luminosos que se ligam para trás, na Atlântida, e de outro lado, aos dias atuais, sobre o coronário de companheiros conhecidos.

Anath explica:

— Laços de simpatia ou de ódio se ligam na eternidade do tempo e se alimentam de amor, de sacrifícios ou, contrariamente, de sentimentos inferiores, até que se diluam nos sofrimentos e amadureçam na compreensão.

Segundo Hilarion de Monte Nebo, Fraternidade Essênia, nas ruínas do Templo de Om, em Mênfis, construído na antiguidade, no reinado de Amenes — o primeiro[10] faraó e

---

[10] Amenes, ou Menés, unificou o Alto e o Baixo Egito, em 3100 a.C.

em cujo recinto mais tarde Moisés foi iniciado — havia na cripta um mural, mandado gravar pelo construtor, mostrando a alma de um faraó morto, sobrepondo-se sucessivamente a um camponês, um médico, um guerreiro e um navegante, o que prova que na Atlântida, donde ele provinha, a doutrina da reencarnação já era de conhecimento pacífico.

Um facho de luz incide sobre outra porta à esquerda, deixando ver outro terraço semelhante ao primeiro, onde se vêem as sacerdotisas iniciantes. A figura central e mais categorizada não está presente, mas vemo-la de pé, frente à estátua de Ísis, no recinto central do Templo; braços levantados para o alto em profunda prece e envolvida quase pela fumaça alva do incensório que queima ininterruptamente ao pé da estátua.

Quando a luz incide sobre ela, vê-se-lhe por trás, esfumado, o busto da vestal da Atlântida. Aqui ela é mais alta e sua cor de pele mate é mais suave.

Sua concentração é profunda e ela pede forças à deusa para o êxito de seu trabalho como sacerdotisa de Amon. Um sacerdote penetra no recinto e aproxima-se, mas vendo-a em prece, detém-se e aguarda; é robusto, trazendo uma túnica amarelo-limão, com uma pele de leopardo no ombro esquerdo.

Por detrás da estátua da deusa abre-se uma câmara onde se nota, reclinado sobre um divã largo, uma figura majestosa; está ditando algo a alguns escribas sentados no chão, curvados sobre seus papiros: é o sumo sacerdote do grande Templo de Amon, o chefe da comunidade sacerdotal do Império. Suas vestes amarelo-dourado fulgem na claridade baça do ambiente isolado em que se acha. Um **claft** dourado cai-lhe aos lados e sobre a nuca, e preciosos colares, ligados por uma enorme esmeralda ovalada, fecham-lhe a indumentária no peito largo. Diferentemente de todos os sacerdotes, conserva seus cabelos naturais. É de mediana estatura e em suas mãos finas veias salientes deixam ver o giro do sangue sob a pele clara; o olhar, inquiridor e profundo, ilumina o rosto já em parte alterado por uma teia de rugas e vincos.

Deve andar pelos sessenta anos de idade, possuindo, porém, fortíssima vitalidade, o que demonstra em seus gestos imperiosos e rápidos. Quando a luz incide sobre ele, deixa ver claramente o sacerdote menor do Templo atlante, aquele que se vinculara pelo coração e pelas ideias à vestal Marani.

Por fim, todos se reúnem bem visíveis à nossa frente, e Anath coloca sobre a mesa no seu plano, uma margarida branca, de cuja corola sai uma chave que fica no ar, flutuando.

E eu pensei comigo: "Para abrir a tampa da velha arca". E ela, que lera o meu pensamento, respondeu sorrindo:

— E nós a estamos abrindo com a chave do amor.

9
Mumificação

A tela mostra novamente o Templo.

Um sacerdote de elevada estatura sobe a escada que leva a uma câmara interior, onde é aguardado pelo sumo sacerdote, inclina-se para receber ordens que lhe são dadas em voz baixa. Levanta-se, chama dois auxiliares e tomando archotes, seguem à frente para iluminar o caminho.

Dirigem-se para uma passagem nos fundos do Templo, descem vários degraus de uma escada cavada na rocha e penetram num salão subterrâneo, onde há uma ampla mesa de pedra tendo em volta vários recipientes de cobre, de forma afunilada.

59

A sala é de granito lavrado e em volta da mesa existem outros vasos de diferentes tamanhos, alguns tão pequenos como uma xícara de chá. Junto à mesa um tripé de pedra e, sobre este, um tabuleiro de madeira com alguns instrumentos cortantes de bronze.

Frente à mesa e escavada na rocha vê-se uma prateleira onde existem frascos de vários tamanhos e formatos de cerâmica vidrada e cobre e, finalmente, em um dos cantos, tiras de linho enroladas, de largura variada.

O sumo sacerdote era ali aguardado por um jovem alto, de porte altaneiro, com vestes e insígnias militares de alto posto, cuja espada tilintava na bainha ao menor movimento e à sua retaguarda estavam quatro guerreiros imóveis.

Ao entrar, o sumo sacerdote o saudou e, ao mesmo tempo, recebeu sua respeitosa reverência. Junto à cabeceira da mesa permaneciam imóveis, braços cruzados, dois sacerdotes menores e sobre a mesa, estendido, um corpo humano coberto por uma mortalha vermelho-vivo, cujas pontas caíam para os lados; a conformação do corpo denotava tratar-se de uma mulher.

Ao longo das paredes da câmara, em prateleiras, viam-se alinhados vasos e ânforas contendo líquidos, resinas, óleos de palmeira e essências diversas.

A um gesto do sumo sacerdote os guerreiros foram afastados e um dos sacerdotes da cabeceira removeu a mortalha, surgindo o corpo rígido de uma moça de rara beleza, a cuja vista o militar teve um movimento brusco, perturbando-se visivelmente, enquanto os presentes trocavam entre si olhares de evidente surpresa.

O corpo estava ricamente ataviado, coberto de jóias de grande valor e tinha na fronte a serpente de ouro — o Aerus — que denotava sua posição de pessoa real.

Neste ponto, Anath interrompeu para explicar:

— A morta era achegada ao faraó reinante e, como este dispunha da vida e do futuro dos seus súditos, por conveniência política havia determinado o casamento dela com um alto dignitário da corte. A morta, porém, prevendo isto, contraíra matrimônio secretamente com o jovem militar ali presente e ao qual unicamente amava. Sabendo disso, por vias secretas, o faraó decidiu castigá-la. Porém, o sumo sacerdote, a pedido do jovem militar, seu protegido, intercedeu de forma indireta sem jogar o seu prestígio, visto que as hostilidades já existentes entre a classe sacerdotal e o faraó reinante estavam em franco início. Por seu lado, o faraó, compreendendo em tempo que o militar, apoiado em seus companheiros de armas poderia agravar as hostilidades já existentes contra seu governo, recuou habilmente, deixando passar alguns dias, enquanto a moça, vendo seu futuro desfeito, fez-se picar por uma víbora.

Fixamos novamente a tela: o jovem militar que fora convocado pelo sumo sacerdote, à vista da esposa morta, descontrolou-se e prorrompeu em ameaças, jurando vingança, enquanto o sumo sacerdote, aproveitando os recursos psíquicos negativos ali acumulados, movimentou-os todos, à distância, contra o faraó, como início de uma campanha de aniquilamento que, deveria ser iniciada sem perda de tempo nos quadros políticos na nação, visando seu afastamento, mormente por saber que sua saúde física já era grandemente precária.[11]

Mas, naquela sala em que somente se escutavam lamentações do esposo ferido no seu coração, iniciava-se o processo demorado e complexo da mumificação do cadá-

---

[11] O ato que ali se praticou, com a presença do esposo enlouquecido, foi terrível: projetou-se sobre o faraó uma carga poderosa de fluidos mortais, a primeira de uma série ininterrupta que o levaria à morte em pouco tempo e em plena mocidade.

ver, cujo primeiro ato, de caráter mais que tudo religioso, era justamente aquele para o qual havia sido convocado o jovem guerreiro.

Aqui Anath passa a explicar novamente:

— Terminada aquela cerimônia religiosa, o cadáver seria entregue aos embalsamadores reais, na Casa da Morte, em cujas mãos permaneceria por mais trinta dias. O processo começava pelo esvaziamento das cavidades naturais do corpo, a retirada das vísceras do tórax, do ventre e do cérebro, este último comumente feito pelo nariz, salvo quando tivesse havido trepanação prévia (como era costume) antes da morte.[12] Após isso, o corpo era imerso em tanques de salmoura, onde permanecia várias semanas; depois, defumado, enchidas as cavidades com essências e resinas; em seguida entregue aos pintores, preparadores do rosto, experimentadores de máscaras e outros arranjos que formavam a toalete do cadáver e que exigiam longo tempo; outros especialistas preparavam o sarcófago e o pintavam e bruniam e, por fim, expunha-se a múmia sobre um suporte no lugar apropriado, nas residências ou na própria repartição do embalsamamento; no caso de que estamos tratando a múmia foi exposta em recinto reservado no próprio Templo para as cerimônias da **encantação**, que cabia exclusivamente aos sacerdotes; consistia em imantar à múmia entidades espirituais desencarnadas, de baixa condição, ou produtos mentais poderosamente concentrados como, por exemplo, **pensamentos-formas** animados de grande potencial energético, recursos estes destinados à defesa da múmia no seu túmulo por tempo indeterminado. Em caso de profanação do túmulo, esses agentes psicomecânicos e entidades irres-

---

[12] A trepanação era um recurso médico rotineiro em casos de perturbações mentais, congestões, derrames, etc. Era esse o procedimento comum, havendo a categoria mais prestigiada dos "trepanadores reais".

ponsáveis desencarnadas entravam automaticamente em atividade, projetando-se contra os profanadores.[13]

Terminada a cerimônia, horas depois, vê-se na tela o sumo sacerdote penetrando na câmara da sacerdotisa maior, levando-lhe suas consolações pessoais pelos tristes acontecimentos. Era uma jovem de verdes anos e sua fisionomia era parecida com a da morta, pois era sua irmã materna.

Via-se logo a profunda afinidade existente entre ambos e o grau de intimidade que já existia pois se tratavam com cordialidade e ternura. O sacerdote demonstra, com palavras enérgicas, sua indignação pelo ocorrido e, novamente, vibrações de repulsa e animosidade partem contra o faraó reinante. Além da parte política, este foi o acontecimento que precipitou as hostilidades que se iniciavam entre o faraó e a classe sacerdotal.

Abandonando a câmara, o sumo sacerdote dá instruções a seus auxiliares, convocando para o mesmo dia, ao pôr-do-sol, os sacerdotes e servidores em geral de grau maior, para uma reunião urgente.

Horas mais tarde, todos reunidos no salão interior do Templo, transmitiu-lhes suas ordens e esclarecimentos:

— Meus filhos, o culto sagrado de Amon está ameaçado pelo desvario do faraó. Estou informado de que vai declarar publicamente, na Casa Dourada, nos próximos dias, a oficialização do culto segregado de Aton, segundo a conceituação e rituais assírios, no qual foi criado por sua mãe Thiy, a intrusa. Ameaçados também neste caso estarão todo o patrimônio material de nossa classe, a supressão dos benefícios territoriais, as doações de guerra, as subvenções do

---

[13] Os antropólogos ingleses que descobriram o túmulo de Tutancâmon sofreram terríveis consequências dessa profanação.

governo e os emolumentos dos templos em toda a nação. Ou aderimos ao novo culto ou seremos postos de lado, perseguidos e mortos. Que dizeis a isto?

Um murmúrio de espanto e de revolta explodiu expandindo-se como uma chama pela assistência submissa, e Harneth, o olheiro e auxiliar de confiança do sumo sacerdote tomou a palavra e disse:

— Não escondemos o nosso espanto ao ver que os rumores correntes não são meros falatórios e, se não ouvíssemos de tua boca o que acabamos de ouvir, nisso não acreditaríamos. Estamos prontos, Pai venerável, a cumprir as tuas ordens e sair a campo imediatamente para evitar semelhante calamidade. Usa dos teus vastos poderes, dá-nos instruções e obedeceremos fielmente, cegamente.

E toda a assembleia, levantada, secundou as palavras de Harneth — Dá-nos tuas ordens.

— Ouçam-me, pois, meus filhos. Dirijam-se primeiramente aos dignitários das armas e discretamente espalhem pelo povo a notícia do que vai acontecer e levantem o povo contra o faraó, pedindo aos guerreiros que se movam para impedi-lo. Quanto a mim, convocarei hoje mesmo a Horemhet[14] que acaba de chegar vitorioso da Síria e obterei o seu apoio, favorecendo sua desmedida ambição de poder e de riquezas. E projetem recursos mentais noite e dia sobre o faraó, impedindo-o de realizar tal loucura. Joguem contra ele as forças mortais de Anúbis e não repousem enquanto o deus intruso permanecer no Egito. E procedam desta maneira, enquanto tal situação não mudar, leve o tempo que levar, sejamos vitoriosos ou não nos primeiros embates, porque, lembrai-vos disso: a vitória final será irremediavelmente do divino deus que servimos. Podeis ir agora e que Amon vos proteja e vos ilumine os passos.

---

[14] O chefe militar de maior prestígio no país, amigo do faraó, o mesmo também conhecido como Harmhabi, como consta da *Histoire Ancienne des Peuples de l'Orient*, de Maspero, 12ª edição, Hachette, Paris.

☞ Almas Afins

Ao se retirarem, os sacerdotes estavam convictos de que pelo menos esta última ordem valia como uma sentença de morte contra o jovem e insensato faraó reinante.[15]

---

[15] A iniciação sacerdotal naqueles tempos incluía conhecimentos científicos gerais e a utilização de poderes psíquicos se situavam nesse mesmo setor.

10
Amom Contra Aton

Como fora previsto, o faraó determinou, oficialmente, a destituição do deus Amon.

Passaram-se vários anos e vemos agora na tela a grande praça fronteira ao Templo, lotada de uma multidão furiosa; pelos gestos e o alarido que fazia e pelas expressões fisionômicas, percebe-se tratar-se de uma rebelião popular. Mãos de punhos cerrados levantam-se para o ar ameaçadoramente e, dum ponto elevado, no patamar superior da grande escadaria, o sumo sacerdote, rodeado de auxiliares, prepara-se para falar ao povo. Seu discurso é hábil.

Fala sobre a cessação do culto de Amon, o deus da nação e o único verdadeiro, substituído agora por Aton, o falso deus importado de um país subjugado e de civilização inferior; o deus legítimo, desprezado pelo governo, na certa que reagiria imediatamente, e sua cólera iria recair, infelizmente, sobre o povo; os campos ficariam improdutivos, as secas sobreviriam em breve, e o rio sagrado, alimentador da vida diminuiria de volume, extinguindo as colheitas e matando o gado. Mas, acrescentava ele, apesar de ter sido Aton declarado deus nacional, as portas do Templo de Amon continuariam abertas e acolhedoras para proteger o povo, apaziguar as iras celestes, reduzir as desgraças que em breve cairiam sobre todos. Que todos fizessem preces ao deus benigno e poderoso, apesar da odiosa proibição.

Suas palavras provocaram ainda maior irritação popular, sendo necessário que ele mesmo pedisse calma e paciência para evitar mortandades inúteis, pois já via que mercenários das tropas reais estavam penetrando na praça e tomando posição em vários pontos.

Em seguida o sumo sacerdote retira-se para uma pequena sala de paredes de pedra, junto à cripta do Templo, em cujo centro está uma estátua da deusa Ísis. Acha-se rodeado de outros servidores. Sobre uma pequena mesa está aberto um papiro e ao lado um feixe deles — o Livro dos Mortos — e, juntando-se a esta assembleia, vê-se outra muito mais numerosa de desencarnados.

Acendem-se os incensórios dos cantos da câmara e ali se aliviam alguns archotes para aumentar a penumbra do ambiente. A concentração mental produzida pelos presentes forma como que uma abóbada esbranquiçada um pouco acima de suas cabeças, e o ambiente começa a mudar de coloração, com fulgurações rápidas em alguns pontos.

O sumo sacerdote, de pé ao centro, ilumina-se de uma luz alaranjada, com revérberos dourados, o que durou alguns segundos, apagando-se em seguida.

Dos presentes, os mais sensitivos começam a ser influenciados por essas energias coloridas e tremem de emoção incontida, até que uma das sacerdotisas, em transe, fala com voz autoritária:

— Servos fiéis de Amon: Eis que a luta mal começa e já movimenta forças terríveis de destruição, vosso chefe disse bem: os campos ficarão improdutivos e abandonados e as árvores não darão mais frutos, a terra ficará seca e o Nilo diminuirá de volume, trazendo fome e inquietação, a cidade ficará órfã e povos vassalos quebrarão o jugo e invadirão vossas terras. Mas, estai também certos de que os altares de Amon ficarão incólumes e seu culto não morrerá no coração do povo. Tende bom ânimo e mantende acesos os fogos sagrados do culto verdadeiro.

Quando a voz calou-se um suspiro de alívio foi exalado de todos os peitos.

Aquelas palavras aquietaram os corações e serviram de poderoso estímulo; cada um, em si mesmo, se fortificou na fé que tinha e na esperança já perdida, e assumiu o compromisso de manter a luta até o fim, fosse qual fosse o resultado.

11
Tempestuosa Conversa

O sumo sacerdote pouco se locomovia pelas ruas da cidade; somente o fazia em solenidades oficiais quando ia ao Palácio do faraó — a Casa Dourada — sua residência doméstica, ou quando visitava determinados membros da nobreza, de seu conhecimento particular. Fora disso todo o seu tempo era empregado no próprio Templo, nas suas inúmeras atividades de administração religiosa da nação e na iniciação de jovens, que a buscavam insistentemente, vindos até de nações estrangeiras.

A sacerdotisa identificada como a própria Anath era, na realidade, sua filha, pela qual tinha verdadeira adoração

Edgard Armond

e encobria sua paternidade por conveniências políticas e de disciplina interna do Templo.

Muitos dias se passaram depois da reunião de servidores do Templo.

A tela mostra agora o sumo sacerdote em sua câmara de trabalho, rodeado de servidores. Ao lado direito da mesa está Harneth, seu olheiro de confiança.

Um sacerdote menor, que guarda a porta, penetra na câmara, saúda e anuncia a presença de um emissário do faraó. Com um gesto o sumo sacerdote manda que seja introduzido ali mesmo.

O emissário entra, inclina-se respeitosamente. É Nefrut, o camareiro real.

— Venerável Hrihor, meu senhor, o faraó, manda que vás à sua presença. Quer falar contigo, e vim para acompanhar-te.

O sumo sacerdote guardou silêncio durante longo tempo e depois ordenou:

— Aguarda-me à saída no Templo, junto à porta lateral da escadaria; acompanhar-te-ei.

Quando desceu, estava acompanhado de Harneth e mais dois sacerdotes de confiança. O camareiro, na frente, fazia-se preceder por um robusto escravo negro, armado de uma vara que abria caminho entre a multidão, ao passar.

Seguiram diretamente para a Casa Dourada, não muito distante, descendo para a margem do rio, a montante dos desembarcadouros do porto, e a multidão, quando reconhecia o sumo sacerdote, abria passagem respeitosamente.

O encontro se deu na câmara de repouso do faraó. Ele se achava deitado em um catre forrado de peles, recostava-se em almofadas macias e seu semblante era fechado e inescrutável.

Hrihor avançou até junto ao leito, saudou e aguardou em silêncio, enquanto o faraó fazendo um gesto mandou que trouxessem um mocho no qual o sumo sacerdote sentou-se.

Depois a câmara esvaziou-se e ficaram a sós.

— Hrihor, em primeiro lugar, declaro que não me esqueço do quanto a ti devo antes que fosse o que sou. Também declaro que sei o quanto vales como homem de ação e quais os limites dos poderes que tens como sumo sacerdote de Tebas. Mas também não te esqueças que eu sou o senhor, e que tua vida, como qualquer outra, nas terras do Egito, me pertence.

— Faraó Amenhotes, eu sou o sacerdote de Amon e somente a ele me rendo como servo.

— Desafiais-me, porventura?

— Não, simplesmente me liberto do teu jugo como chefe que és de um culto falso.

— Por acaso, como sacerdote de Amon não adoras também o deus Sol? Como, pois, dizes um culto falso?

— Como sacerdote de Amon adoramos a Luz como expressão simbólica do deus, enquanto tu, com Aton, adoras o disco como o próprio deus. Esta é a diferença que nos separa.

— Quem pode garantir que estás com a verdade? Qual o culto verdadeiro?

— Eu defendo a verdade que 2.000 anos de fé corporificaram.

— E eu, Hrihor, defendo aquela que recebi de meus pais.

— Não de teu pai, mas de tua mãe, que era estrangeira no Egito.

— Mas, eu sou o teu senhor, o faraó, e minha vontade é a lei.

— Enganas-te, faraó Amenhotes. Eu tenho o povo comigo e já és, em toda a nação, designado como o falso faraó: és, portanto, a falsa lei.

Interrompendo este diálogo incisivo, no qual cada palavra era uma punhalada, o faraó silenciou, recostou-se nas almofadas e ficou imóvel, seu rosto ganhou uma expressão de perplexidade e seus olhos, muito abertos, olhavam sem ver. Assim permaneceu um longo tempo, até que despertando, voltou a falar:

— Mandei chamar-te, sumo sacerdote de Amon, para obter tua colaboração nas modificações sociais e políticas que tenho em vista fazer. Transformaremos o Egito numa grande nação fraterna, protetora de povos onde as diferenças sociais não queiram significar miséria, escravidão. Sob a luz de Aton — prosseguiu, animando-se e erguendo-se do leito — todos os homens serão iguais, pois que a sua luz vem sobre todos, sem diferenciações. Isto não é porventura um fundamento da verdade?

— Faraó Amenhotes — replicou Hrihor — depois que penetrastes neste caminho, oficializando o culto de Aton, a vida do povo está se desequilibrando; por toda parte os laços da ordem e da lei se rompem; os limites que separam as classes são desprezados e os roubos, os assaltos e os crimes se multiplicam, um pouco mais e a vida social será impossível, porque não haverá mais garantias para ninguém. Nenhuma pessoa mais viaja pelas estradas da nação sem forte escolta, e nas ruas desta própria cidade ninguém sai à noite sem arriscar a vida. Estes são os primeiros resultados da tua política de ilusão e de loucura. E me pedes para colaborar nisto? Não sabes o que me pedes, mas eu sei porque o nego.

— Não queres, pois, esperar para ver o fim de tudo?

— Não, sei que será o caos social e não quero colaborar na destruição de minha pátria. Seguirei o meu próprio caminho, e tu, faraó Amenhotes IV, seguirás o teu. Pessoalmente, nada tenho contra ti, a não ser saber que segues para a perdição. Por isso, não posso ajudar-te. Que a luz de Amon te ilumine nas trevas que te rodeiam. Adeus.

E levantou-se bruscamente e, sem saudar, retirou-se da câmara real.

Regressando ao templo, após a sua tempestuosa conversa com o faraó, Hrihor atravessou o terraço dos aprendizes agora vazio, saiu para o pátio interno rodeado de arvoredo e penetrou em um corredor no qual, de lado a lado, vêem-se aberturas que levam, cada uma, a câmaras de **iniciação**; cada uma delas está impregnada de vibração determinada e é pintada na cor correspondente a essas vibrações, no ao fim do corredor um amplo salão circular, com colunatas laterais, formando suportes ornamentais para o teto.

Vemos ali um grupo de aprendizes sentados em bancos de madeira; prestam atenção a um instrutor que manuseia diversos manuscritos em pergaminho ou em papiros, alguns em escrita hieroglífica, outros em hierática.[16] São trechos do *Livro dos Mortos*; os jovens estão se iniciando nos mistérios sagrados e devem conhecer os objetivos da vida e da morte e o que será reservado às almas após o desenlace físico.

A chegada do sumo sacerdote provocou um súbito alvoroço, logo seguido de profundo silêncio; todos se levantaram e se curvaram baixando as cabeças e espalmando as mãos sobre os joelhos na saudação real; vê-se que de todas as mentes partem pensamentos de respeito e veneração para com ele.

Seu olhar pousa tranquilo e firme sobre os jovens, a fina flor da juventude egípcia e logo lhes fala, colocando-os a par dos acontecimentos ultimamente surgidos, envolvendo o poder religioso por ele representado e o governo absoluto do faraó.

---

[16] A escrita egípcia tinha três divisões: **demótica**, para o povo; **hieroglífica**, para as classes cultas; e **hierática**, para os sacerdotes.

Em palavras claras e breves, disse que o culto apregoado pelo faraó estava menos próximo da verdade do que o apregoado ao povo pelos sacerdotes do Templo porém, eles, os iniciantes, sabiam de antemão que aquelas duas formas de culto exterior deixavam muito a desejar quando comparadas com o que estavam vendo e aprendendo no Templo.

— O culto exterior — esclareceu ele — dado ao povo ignaro, servia de anteparo ao culto verdadeiro e mais profundo, que era dado no Templo aos sacerdotes de Amon. O ato do faraó mudando o culto oficial para o de Aton visava aniquilar não só o culto exterior, popular, como o iniciático, privilégio do Templo.

Era preciso, pois, afastar o faraó, de sua insensata decisão, e para isso deveriam ser tomadas quaisquer medidas, por mais violentas que fossem.

Nesse ponto de seu discurso, o grupo de aprendizes já se achava possuído de profunda revolta, e os jovens se levantavam e invectivavam o faraó, pedindo a sua morte.

Ao retirar-se dali, Hrihor pensava, no seu íntimo, que suas palavras levantavam os ânimos de todos, promovendo a largos passos a vitória futura de Amon.

— Cumpro, assim, o meu dever, pensava ele.

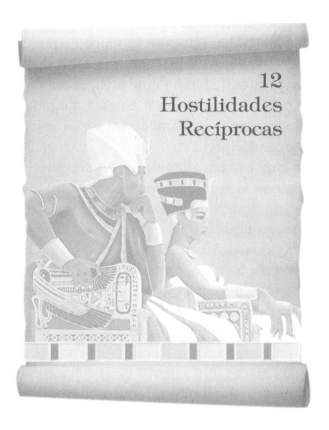

12
Hostilidades Recíprocas

Passaram-se dois anos de hostilizações surdas e tumultos populares açulados pelos sacerdotes. O faraó, para fugir à luta religiosa que lhe criava um ambiente incompatível com a dignidade de seu cargo e condição, mandou construir, com toda a urgência, uma outra capital no interior do país e para lá se mudara com toda a sua corte havia poucos dias. Tebas sossegara e estava como que deserta.

Estamos novamente na sala de trabalho de Hrihor, no Templo. E, numa câmara anexa, ao redor de uma mesa de bronze lavrado trabalham seus auxiliares mais diretos. Harneth veste uma túnica de linho muito alva, e sobre os ombros uma estola dourada, com a túnica cingida à cintura por um grosso cordão trançado. Os cordões das sandálias sobem até um pouco abaixo dos joelhos.

Nota-se que as sandálias do sumo sacerdote não são trançadas como as demais; nas pernas usa uma espécie de polainas, com um trançado de couro nas partes laterais. Veste túnica também branca e um manto dourado curto, com abertura para saída dos braços nus e, no pulso esquerdo, vê-se uma serpente de ouro, os dedos indicador e anular ostentam anéis simbólicos.

À sua direita, por cima da mesa, está um claft ornado de pedras preciosas. A parte superior do manto acha-se presa ao pescoço por um grande broche de ouro, com uma pedra verde ao centro e, nos braços, braçadeiras largas do mesmo metal.

Os auxiliares trabalham em silêncio; o mais jovem tem uma pequena tábua de argila à sua frente e, com um estilete de osso, grava caracteres hieroglíficos que Harneth vai ditando.

Anunciam-lhe uma visitante familiar.

Ao fundo abre-se em silêncio uma porta de cobre com batentes que reluzem e entra uma dama imponente e um nobre idoso e curvado. Penetram na câmara do sumo sacerdote que se levanta para recebê-los. Ela inclina-se e lhe fala qualquer coisa ao ouvido. Não deve ser boa a notícia porque ele o demonstra em sua fisionomia, que visivelmente se altera, refaz-se, porém, logo, e volta à sua impassibilidade habitual, enquanto os visitantes se retiram.

Permaneceu longo tempo imóvel, em meditação, até que se reanimou e fez soar o gongo chamando os auxiliares, aos quais determinou:

— Deixemos o trabalho para depois, vinde comigo.

— Devemos levar alguma coisa? — perguntou Harneth.

— Não. Vamos atravessar o rio.

Saem todos e, em breve, tomam o barco de uso do Templo, que está sempre pronto, com remadores a postos. Com remadas firmes e poderosas afastam-se para o largo, enquanto se resguardam do sol causticante na cobertura central, formada por colgaduras de alto preço.

Atravessado o rio, o barco encosta a uma amurada rústica de pranchas de madeira no jardim de uma casa de campo, de maravilhoso aspecto, situada no alto do barranco, pertencente ao sumo sacerdote, e onde ele se refugia para repouso e meditação nas horas graves e pesadas de sua trabalhosa função sacerdotal.

Atravessam o jardim gramado e florido e penetram numa sala baixa e sombreada, onde diversos divãs confortáveis convidam ao descanso.

— Regressaremos dentro de uma hora — disse Hrihor — e podeis, enquanto isso, dispor de vosso tempo à vontade.

O auxiliar jovem abre um armário embutido na parede e coloca sobre a mesa um relógio de água[17], retirando-se em seguida, com os demais.

Hrihor penetra numa câmara sombria, alivia-se das vestes rituais e estende-se no leito macio ali existente. Por sua mente começam então a perpassar os acontecimentos dos últimos tempos: a morte de Amenhotes III — o faraó anterior — sua designação para o cargo de sumo sacerdote e as palavras do faraó na hora derradeira: "Reconheço que o culto de Aton será nefasto ao Egito mantém-te, pois, no teu cargo, mas tem paciência com o meu herdeiro e leva em

---

[17] Marcador de tempo que difere da ampulheta no sentido de que, em vez de areia, utiliza água, cujas gotas vão pingando em um recipiente inferior, também conhecido como clepsidra.

conta duas coisas, a saber: sua pouca idade e a influência que sobre ele exerce a rainha. Confio na tua benevolência e no teu espírito de justa medida".

Depois, a regência da rainha, sua rebeldia, sua intransigência em aceitar seus conselhos sensatos e justos, a importação que ela fez de sacerdotes de cultos negros africanos, com os quais nunca mais deixou de conviver; a sagração de Amenhotes IV, seu filho, sua passividade e misticismo e a decisão herética de entronizar Aton na posição milenar de Amon; a entrevista última que com ele mantivera na Casa Dourada e o rompimento formal e definitivo; as providências que tomou para neutralizar seus atos perniciosos lançando mão até mesmo de recursos psíquicos secretos; a decisão última do faraó reinante em construir a sua nova capital — Aquenatonoum — na região de Tel-Amarna e o abandono de Tebas, com toda a corte, como represália à sua negativa de colaborar com ele na oficialização do culto espúrio.

E agora aquela notícia: as forças espirituais desencadeadas fazem o seu trabalho, e o faraó penetra, indefeso, no desfiladeiro da morte.

Concentra-se mais e pede a inspiração necessária para prosseguir na tarefa terrível; em silêncio, vigiando a mente, aguarda a resposta; esta vem logo, na forma de uma intensa euforia, de um ímpeto selvagem de não recuar, de intensificar ainda mais os golpes já desferidos, de afastar definitivamente o faraó do governo do país enquanto é tempo e antes que este seja aniquilado pelos invasores estrangeiros. Numa visão transparente vê os hititas[18] descendo do Norte, atravessando a península do Sinai, invadindo o Delta e esparramando-se pelo Egito como gafanhotos.

Salta do leito e vai para fora; o relógio de água marcava exatamente uma hora de tempo e acenando para os auxiliares que o aguardavam no jardim, desce à praia, re-

---

[18] Povo guerreiro, habitante da região ao norte da Síria.

toma o bote e ruma rapidamente para a cidade. Entrando em seu gabinete de trabalho no Templo, faz soar o gongo imperiosamente e dá ordens para que todos os servidores, de todos os graus, se reúnam dentro de uma hora na nave central do Templo.

Meia hora depois a nave está repleta e há uma grande expectativa, bem visível, nos olhos de todos. Uma convocação assim repentina, com a urgência com que foi feita, bem demonstra que é importante o motivo que a determinara.

Hrihor entra, acompanhado de seus auxiliares imediatos. Caminha firmemente para o estrado existente no centro da nave e ali permanece de pé, olhando a assistência. Por fim, toma a palavra:

— Meus filhos: fome e tumulto prevalecem em Tebas com a vinda de Aton sobre a Terra e a fuga da corte para Tel-Amarna. O delírio empolgou o espírito do povo, que vive bêbado sem beber. Não há mais diferença entre os que usam o emblema da cruz de Aton e os que o repudiam.[19] Conforme foi predito, a cólera de Amon faz com que os campos se despovoem, as fontes sequem, as colheitas morram, as águas se retirem; sobrevirá a seca mortal. E nas ruas, quando caminha um homem e vê outro levando um pão, agride-o e toma-lhe o alimento, dizendo: "Dá-me este pão, pois não somos irmãos aos olhos de Aton?" E se encontram um homem vestido de linho fino e outro em farrapos imundos, este logo se faz agressor do outro e diz: "Dá-me essa roupa, não somos irmãos aos olhos de Aton?[20] Assim, pois, a sociedade em nossa Terra se desfaz como nuvem carregada pelo vento, por causa de Aton. E o povo, quieto e paciente, agora diz: "Estamos fartos de Aton, que saqueia o nosso país e o esfomeia; desejamos a volta da antiga ordem, com Amon. A rainha Thiy morreu e o jovem faraó age ao sabor de seus

---

[19] Aquenaton criou a cruz egípcia como emblema do novo culto.

[20] O Egípcio, de Mika Waltari.

próprios e absurdos caprichos. E agora recebo a notícia de que ele está gravemente enfermo. Por isso vos reuni, para vos dizer que na luta travada entre nós e o faraó reinante, os primeiros resultados já se fazem visíveis. Ao saber da revolta da Síria e do povo de Cathi, caiu em declínio, o que quer dizer que cessou a ascensão de seu prestígio pessoal; seus métodos de governo fracassaram e entra agora na descensão.

Mal terminara, dirige-se a ele o auxiliar imediato Harneth e, em voz alta, para que todos ouvissem, diz:

— Venerável pai, acaba de chegar um mensageiro da esposa Nefertiti, pedindo o auxílio do Templo para a doença do faraó. Aguarda resposta imediata.

— A crise atual não é a primeira — responde Hrihor — e a todas ele tem sobrevivido, mas como pedem auxílio de Amon, sendo inimigos de Amon? Que diz o mensageiro sobre isto?

— Foi perguntado e respondido assim: a rainha espera que as entidades livres, mensageiras da deusa Ísis, da qual ela é sacerdotisa, intervenham dando ajuda, pois a crise atual é mais grave que todas as anteriores, e que o faraó está enfermo da mente e tem visões nas quais vê sempre o sumo sacerdote de Amon em atitude ameaçadora.

Sob os olhares significativos dos presentes, que compreenderam muito bem o que Nefertiti queria dizer com a sua mensagem, o sumo sacerdote respondeu categórica e sibilinamente:

— O faraó é sacerdote de Aton, a rainha é sacerdotisa de Ísis, e nós somos sacerdotes de Amon. Esta é a resposta.

Hrihor — o grão sacerdote de Tebas, ao tempo de Aquenaton — era iniciado de grau maior e, como tal, deveria considerar que este era também um iniciado que se esforçava para criar no senso popular a crença de um deus único, devendo, portanto, dar-lhe apoio ou pelo menos, manter-se neutro quando, ao invés disso, o abandonou à própria sorte, hostilizando-o abertamente e deixou-o morrer abandonado em Tel-Amarna como, ainda, fechando os olhos à matança de seus partidários que se seguiu à sua morte. Sua responsabilidade espiritual é portanto indeclinável, mesmo escudando-se em sutilezas de interpretação doutrinária, tradições religiosas, ou conveniências político-nacionais.

Soam agora as palavras de Anath, para esclarecimento de certos detalhes não revelados neste capítulo.

— Apesar das hostilidades recíprocas, o apelo foi feito pela esposa, em benefício do faraó, confiando na intervenção dos protetores espirituais, mas esta foi negada. O levante do povo, insuflado pelos sacerdotes, prosseguiu no seu ritmo crescente, contando sempre com a inação das tropas de guerra, por força do acordo feito pelo seu chefe Horemhet que desejava desposar Baquetamon, irmã mais velha do faraó; entraria assim no rol das pessoas sagradas, condição importante para ascender mais tarde ao trono real, com a morte de Aquenaton. Tendo sido repudiado por ela, voltou-se contra o faraó, deixando que o povo se levantasse. Mais tarde foi elevado ao trono, após prestar valiosos serviços defendendo o Império contra invasões inimigas, tendo-se casado, finalmente, com ela, logo após a morte do faraó que substituiu Aquenaton. Estes acontecimentos foram por nós narrados — acrescenta ela — porque geraram dúvidas terríveis para todos nós, influindo fortemente em nossa vida comum, sobretudo na tua, ó poderoso sumo sacerdote do Templo de Tebas, porque está escrito: Na balança da justiça divina pesam mais as culpas dos algozes que as das vítimas.

Mais dois anos se passaram.

Estamos na casa de repouso de Hrihor, com o Nilo correndo serenamente ao lado, embaixo, junto ao paredão do jardim. Reclinado em um divã, o sumo sacerdote interpreta os hieróglifos desenhados num papiro. Lá fora, à beira de um pequeno lago existente no gramado fronteiro ao jardim, está Nut, a sacerdotisa filha de Hrihor; impele com uma vareta um pequenino barco de madeira, cheio de florzinhas vermelhas que colhera no talude da praia e segue o barco com os olhos, acompanhando a ondulação que ele produz na superfície lisa das águas.

— Para o meu amor eterno — ela diz.

Pelo que se vê, contrasta fortemente com a figura atual de Anath na estatura, que é bem menor; na compleição física, na languidez dos gestos e dos movimentos, porém, muito se assemelha na cor da pele morena, nos cabelos castanhos e lisos, untados de óleo, formando auréola em torno da cabeça, nos olhos pretos amendoados na forma egípcia, isto é, repuxados para cima nos cantos exteriores, e nos cílios longos, encerados e negros.

Do lugar onde se acha, Nut observa atentamente um barco que vem vindo ao norte e se aproxima com rapidez ao impulso dos remos manejado por um negro hercúleo. Bem antes que chegue, ela reconhece o imediato de seu pai, Harneth; está sentado no meio do barco, na parte coberta, com o corpo inclinado para a frente, demonstrando evidente ansiedade.

Ela avisa ao pai e volta para o jardim, cruzando em caminho com Harneth, que vem subindo a rampa e cuja fisionomia fechada trai forte emoção; precipita-se para dentro da sala e mal pode pronunciar as palavras rituais de saudação.

— Acalma-te e fala, não te apresses — diz Hrihor.

— O faraó entrou na eternidade. Recebemos a notícia agora mesmo, na cidade. O povo já está se precipitando para as ruas. Vim avisar-te.

Hrihor empalidece e recosta-se mais ao fundo do divã. O momento há tanto tempo esperado chegara enfim. Que acontecerá agora? — pensou. Que forças desencadeadas se precipitarão na arena, lutando pelo poder? Eie, o sacerdote, pai de Nefertiti, gerente do Império em Tebas? Horemhet, o guerreiro sempre vitorioso, ou o filho imberbe do morto, com a irmã ambiciosa por trás?

Nesse instante, fora da tela, o Incógnito, que desde o princípio desta narrativa coopera em nossos trabalhos, retirou da cabeça o capuz e viu-se então um homem magro, de estatura mediana, envolto na túnica real, com a dupla coroa[21] sobre a cabeça e sandálias douradas.

Seu rosto é macilento, o nariz adunco, a pele mate e os olhos verdes e penetrantes.

— Eis Amenhotes IV, também chamado Aquenaton, o faraó do velho Egito, hoje combatente valioso das hostes do Cristo — diz Anath, estendendo para ele os dois braços acolhedoramente.

— Sim — diz Aquenaton —, tudo agora está definido e por isso cumpro minha promessa, identificando-me. Pelos ínvios caminhos da eternidade, nossos passos de novo se aproximaram e já agora não há mais ódios nem amarguras, mas somente espírito fraternal de cooperação em nome d'Aquele cujo amor nos une. Sou feliz em rememorar todos estes acontecimentos em que estivemos envolvidos, de forma tão apaixonada e mesmo violenta, e não encontrar em

---

[21] As do Baixo e Alto Egito.

meu coração o menor resquício de ressentimentos. Se a vida para mim foi dolorosa e a morte sem glória, os sofrimentos dos reencarnes me levaram para mais perto da Verdade; o triunfo demorou mas veio, afinal, e isto me é bastante.

Novamente vemos na tela Hrihor, que se levanta com a fisionomia mais desassombrada, despede-se de Nut, desce à praia e o barco voa sobre as águas do rio e sem demora encosta no cais particular do Templo. A passos rápidos, acompanhado de seus auxiliares, sobe ao torreão central e dali contempla a cidade, embaixo: as ruas já se encontram cheias de gente e há um forte alarido; guerreiros armados estão saindo dos quartéis, tomando posição nos pontos mais convenientes para contenção do povo, que aflui de todos os lados para a grande praça fronteira.

Abandonando seu posto de observação, Hrihor desce para a nave central, parando junto à figura escultural de Amon, deus supremo da nação. Prostra-se, inclinando-se para a frente até tocar a cabeça no chão e, atrás dele, vão se postando da mesma forma os sacerdotes maiores e menores, os aprendizes, os instrutores e as sacerdotisas, todos se prosternando perante o grande deus, porque já sabiam que o dia da vitória tinha finalmente chegado.

O sumo sacerdote levanta os braços e dirige-se a Amon, pedindo, em voz altissonante, que proteja o país da ação nefasta dos seus inimigos, que o livre de tumultos, desordens e novas guerras.

Penetra, em seguida, num aposento anexo, de onde logo regressa, ostentando trajes diferentes, já agora cinza-claros, dos rituais da Primavera; na mão, um bastão curto, espécie de cetro, distintivo de sua dignidade sacerdotal nas cerimônias graves.

Quando se volta para sair, todos formam alas laterais e as grandes portas se abrem para fora, onde enorme multidão se encontra aglomerada, em desusada excitação. Avança até o topo da escadaria fronteira, ergue o braço pedindo silêncio e, quando este se faz, toma a palavra em altos brados para que todos ouçam, acalmando o povo, dizendo que o prazo concedido pelo deus Amon ao faraó reinante havia findado e que este voltara ao seio do Absoluto, na eternidade. Prosseguiu dizendo que o faraó morto, conquanto tivesse atentado contra a glória do deus, tivera poder para realizar sua vontade pessoal até o momento em que a estabilidade da nação e a felicidade do povo humilde não foram aniquiladas pelos seus atos condenáveis e sacrílegos, que exigiram sua vida como penhor de segurança.

O povo, pois, que conservasse sua confiança no verdadeiro deus, que era Amon, e nos sacerdotes que mantinham seu culto, segundo as milenárias tradições religiosas do país; que permanecesse tranquilo e orasse pela alma do faraó morto.

Suas palavras dominaram o tumulto, e o povo foi, aos poucos, se dispersando.

Passaram-se quarenta dias e, nesse período, aumentou o refluxo de nobres e artífices que vinham fugindo de Tel-Amarna.

Era de manhã e via-se agora na tela desusado movimento junto à Casa Dourada, para onde havia sido transportada a múmia de Aquenaton.

Quando se deu a morte, Tel-Amarna temendo represálias, despovoou-se rapidamente e o corpo ficara quase abandonado no Palácio Real. À fidelidade da rainha se deveu o exato cumprimento dos ritos usuais, com a dignidade compatível com a grandeza do Império. Seu corpo foi entregue aos embalsamadores reais e, terminados esses trabalhos preparatórios, seu sarcófago foi transportado para Tebas e entregue à família, na Casa Dourada.

Nessa manhã estava de lá saindo, num cortejo sem nenhuma grandiosidade, rumo ao Vale dos Reis, onde dormiria o sono eterno junto aos seus antepassados reais.

Via-se, à frente do cortejo, um militar armado com as suas armas hierárquicas, uma figura robusta e imponente, muito rude, mas já bastante popular; é o general Horemhet — o Filho do Falcão. Sua aura vibratória é pesada, apresentando fulgurações avermelhadas e roxas e seus pensamentos estão nitidamente concentrados em suas ambições sobre o trono vago.

Saem agora grupos de crianças vestidas de branco e rosa, com cestinhas de flores nos braços, que vão espalhando pelo chão; em seguida vêm guerreiros armados, da guarda pessoal do faraó; mais atrás, rodeada de outras mulheres da nobreza, vem Baquetamon, a irmã mais velha que logo após se casaria com o general Horemhet, por conveniências pessoais; em seguida, sobre os ombros dos sacerdotes menores do Templo, vem o corpo do faraó, sobre andas luxuosas; depois, novamente, guerreiros de Horemhet e membros do governo findante, rodeando o sacerdote Eie, pai de Nefertiti, administrador do Império em Tebas, e finalmente o povo.

O cortejo segue para o Templo de Amon, não para o de Aton, como seria lógico; ali deve ser purificado antes de penetrar no seu túmulo, no Vale dos Reis.

Ao entrar na praça, todos vêem que as portas do Templo estão fechadas, o que obrigou o cortejo a parar em frente à escadaria. Os carregadores descansam o sarcófago sobre um tapete, e um deles sobe lentamente até o átrio e bate na grande porta de bronze, com os punhos fechados; não havendo resposta, brada em altas vozes:

☥ Almas Afins

— Está presente o corpo do faraó Amenhotes IV, para que seja purificado — e repetiu o brado três vezes consecutivas, antes que a grande porta se abrisse e por ela saísse o sumo sacerdote acompanhado de seus auxiliares, sacerdotes e sacerdotisas que, todavia, não transpuseram a soleira.

Hrihor avança até o topo da escadaria e brada para o povo que estava embaixo:

— Apesar dos atos que promulgou contra a dignidade deste Templo, a glória de Amon e de seu culto, o corpo será purificado para que não seja perturbado nos seus túmulos o repouso de seus gloriosos antepassados.

Os carregadores levantam de novo o sarcófago, sobem lentamente a escadaria e penetram na grande nave solenemente e ali, respeitados os ritos reais, é o corpo purificado pelo sumo sacerdote, enquanto o coro das virgens iniciantes entoava o cântico sagrado da exaltação do Deus Supremo, findo o que o cortejo prossegue para a lacração do túmulo, no Vale dos Reis.

Horas depois, Tut, seu filho mais velho, com apenas nove anos e com o nome de Tutancâmon, foi ali mesmo sagrado faraó, com o apoio das tropas de Horemhet, que assim impedia o acesso do sacerdote Eie, forte pretendente ao trono.

— Com este ato — diz Anath retirando a tela — encerra-se o episódio histórico da luta religiosa entre o faraó Aquenaton e o sumo sacerdote do Templo de Tebas, do qual a cada um restaram e permanecem os resíduos cármicos que as sucessivas reencarnações ainda não eliminaram de todo. A partir de agora — acrescentou — vamos dedicar-nos mais

89

à narração, nos seus aspectos íntimos e afetivos, muito mais agradáveis aos nossos corações e que, muito mais que quaisquer outros, nos ajudarão a prosseguir em nossos esforços de purificação espiritual.

13
Poderes Psíquicos

De início, Anath explica:
— Apesar das intensas e complexas relações públicas que seu cargo exigia, o sumo sacerdote não se descuidava da parte iniciática, promovendo, para aqueles que se devotavam ao serviço do Templo, os ensinamentos necessários.

Vamos encontrá-lo dias depois, em um salão do subsolo, onde se vêem divisões com tabiques em vários pontos, contendo material e indumentária apropriados à cura de moléstias; quatro grandes vasos contendo água, e bancos encostados às paredes laterais, onde se encontram vários doentes pobres, à espera de serem atendidos.

A tela mostra o sumo sacerdote acompanhado de auxiliares atendendo os doentes. Utiliza a água, ao mesmo tempo que faz sobre eles aplicações de fluidos curativos. Possui grande capacidade curativa, e de suas mãos fluem poderosas correntes de fluidos e de ectoplasma. Enquanto faz as aplicações, seu corpo vai se iluminando interiormente, de tal forma que o fenômeno impressiona fortemente aqueles que o presenciam.

Após terminar, dirige-se aos iniciantes, dizendo:

— Quanto mais nos dedicarmos a estas práticas, utilizando agentes naturais e energias próprias, melhor poderemos dominar as forças vivas da Natureza desde, bem entendido, que o nosso intuito seja simplesmente a prática do bem. Para se chegar neste campo a realizações positivas, são necessários esforços continuados, duradouros e bem dirigidos. À medida que vos elevardes nesta iniciação, ireis sendo provados pelos agentes invisíveis noutros setores, para que possam ser aquilatadas vossas verdadeiras capacidades de ação. A mente — prosseguiu —, convenientemente esclarecida através deste esforço, dominará as forças da Natureza, porém aqueles que desejam conquistar poderes com vista a maus fins, estes sucumbirão e, se lograrem bons resultados práticos, serão eles efêmeros porque as próprias forças que desencadearem se voltarão contra eles.

Num estrado central ele supervisiona as aplicações magnéticas feitas por seus auxiliares sobre doentes, como exercitamento para os iniciantes; atrás do estrado, sobre um tripé, vê-se uma bacia de pedra contendo água límpida para a qual incidem, do Alto, luzes e raios coloridos destinados à sua vitalização.

Findos os atendimentos, inicia-se uma parte mais secreta, destinada ao desenvolvimento de poderes psíquicos, com práticas que correspondiam ao primeiro grau de iniciação sacerdotal. A essas iniciações compareciam, algumas vezes, personagens importantes, devidamente credenciadas, vindas de países estrangeiros e que desejavam instruir-se a respeito, por ser o Egito uma nação onde tais conhecimentos tinham avançado desenvolvimento.[22]

Nesse dia, após a prática, o sumo sacerdote reuniu todos os auxiliares em uma mesma corrente, exigindo concentração profunda. A iluminação local, que vinha de vasos de argila vidrada, contendo óleo ou resinas aromáticas foi diminuindo de intensidade, enquanto a sacerdotisa Nut vai sendo sacudida por ligeiros tremores; vê-se claramente, quando dela se aproxima uma entidade espiritual cujo rosto é circundado de luz amarela e, à medida que isto ocorre, o corpo de Nut vai desaparecendo, encoberto pela forma luminosa que a entidade irradia fortemente.

Quando o envolvimento é completo, a sobreposição é tão intensa que, mesmo à vista normal, a entidade visível não é mais a sacerdotisa, mas o Espírito desencarnado, o qual, dirigindo-se ao sumo sacerdote, fala-lhe com voz autoritária:

— Venerável sumo sacerdote: a luta que sustentaste contra o faraó, que há poucos dias se desligou do mundo terrestre, foi travada no campo da fé, nos limites da tua própria concepção mística. Conquanto não corresponda a verdades espirituais em toda a sua plenitude, isto te será levado em conta, e teus atos, pesados e medidos, em consonância com os teus sentimentos mais íntimos, merecerão a magnanimidade do Senhor dos Mundos. "Sossega agora o teu coração e dedica-te à propagação da fé e ao esclarecimento das consciências no seio do povo humilde. O que hoje fizes-

---

[22] Sólon, legislador grego; Platão, filósofo e discípulo de Sócrates; Pitágoras, criador da Escola de Crotona, e outros, tiveram acesso a essa iniciação nos graus primários.

te, atendendo humanitariamente aos miseráveis das ruas da cidade baixa, é uma simples preparação para o muito que terás de fazer em dias vindouros, em terras estranhas ao Egito, no Oriente e no Ocidente, num grau de compreensão muito mais perfeito e elevado, a serviço do Príncipe da Paz, que é o Senhor da Misericórdia Divina. Em seu nome, deixo-te a tua preciosa bênção."

O sumo sacerdote permaneceu em silêncio, com a cabeça entre as mãos; era visível a emoção que o dominava. Fez sinal para que os auxiliares se retirassem, mas continuou ali, no mesmo local, imerso em profunda meditação. Pela sua retina mental começaram a desfilar cenas impressionantes de sofrimentos físicos, sacrifícios e devotamentos de toda sorte que se dariam no futuro, iluminados por fulgurações intensas, de cores vivíssimas, que incidiam sobre uma cruz de madeira muito rústica, que se via bem nítida, deitada na linha do horizonte.

Despertou estonteado e atemorizado; a imagem da cruz que vira seria uma alusão direta à Cruz da Vida, símbolo do culto de Aton, adotado pelo faraó morto e que se esforçara por destruir? Teria ele porventura cometido tamanho erro?

Como resposta, na escuridão que já se fazia em torno, viu um sarcófago que se aproximava, e cuja tampa se abriu, mostrando dentro a figura franzina de Aquenaton, cujos olhos se abriram, e de cuja boca ele ouviu distintamente as seguintes palavras:

— Hrihor, meu irmão, o erro é relativo ao conhecimento, e o dia de amanhã acrescenta sabedoria ao dia de hoje. Tranquiliza-te, pois, e prossegue no cumprimento dos teus deveres neste Templo.

Esvaindo-se a visão, ainda ouviu a saudação fraterna que vinha, já da sombra escura:

— O Senhor contigo e a tua divina misericórdia para sempre.

Extremamente emocionado, Hrihor abandonou o local e recolheu-se a sua câmara, a fim de orar ao deus Amon e pedir inspiração.

14
Auxílio Espiritual

A tela, a partir desse instante, vai focalizar acontecimentos sucedidos no reinado tão fugaz de Tut, o filho mais velho de Aquenaton e que reinou, como já dissemos, com o nome tão conhecido de Tutancâmon.[23]

Numa câmara interna dos fundos do Templo, com janelas abrindo para um florido jardim, encontram-se Nut, a sacerdotisa maior e Hrihor, seu pai. Ela se encontra sentada em um tamborete baixo e, de pé, à sua frente, ele a contempla com extrema ternura e visível apreensão.

---
[23] Para alguns autores Tut não era filho, mas genro do Faraó, o que não tem fundamento.

Ela tem nos lábios um sorriso doce e calmo a espelhar a serenidade de sua alma; e sua languidez anterior bem parecia ter aumentado naqueles últimos dias.

Laços profundos de um verdadeiro amor espiritual os une e extravasa de seus olhos. Profunda mágoa envolvia o coração de Hrihor porque via o quanto progredia, naquele organismo combalido, o processo da desvitalização.

Os últimos anos por ela vividos no Templo tinham sido bastante férteis no campo do conhecimento, porque ele lhe franqueara tanto quanto possível sua biblioteca secreta, onde se encontravam arquivados documentos de grande valor iniciático e que, dada a época incerta e tumultuosa em que viviam, convinha que fossem sonegados, o mais possível, ao conhecimento de estranhos.[24]

Os estudos que empreendiam juntos tomavam horas de amorável convívio, e ambos muito bem compreendiam, na intuição mais profunda de seus Espíritos, que ali estavam juntos, como sempre haviam estado em épocas anteriores, em outros diferentes locais e condições, vivendo seus últimos dias naquela presente encarnação.

Os conhecimentos que ela já possuía equivaliam aos da iniciação maior sacerdotal e lhe conferiam, por isso, notável autoridade no julgamento dos fatos de sentido geral ou secreto.

A tela mostra agora o Nilo, muito calmo, espelhando em suas águas barrentas o céu azul recamado de nuvens brancas, e uma embarcação confortável, impelida por dois remadores robustos, que vai subindo a suave corrente.

---

[24] Esses arquivos continham cópias das tradições espirituais vindas da Atlântida e que Moisés, mais tarde, reuniu nos Templos de Sais, Abidos e Luxor, e que à sua morte confiou a seu filho Essen, fundador da Fraternidade Essênia.

Almas Afins

Na parte coberta, situada à ré, sob um dossel vermelho de seda grossa, vemo-los juntos de novo. Ela demonstra evidente abatimento físico e ele segura-lhe a mão, tentando reanimá-la, doando-lhe energias fluídicas. Nessa conversação tranquila e íntima, encaravam calmamente ações futuras, regulavam suas vidas nos limites de um mesmo ideal de ação para o Bem, tanto no mundo das almas, como no dos corpos.

Ele lhe contara a visão que tivera da cruz, julgando fosse a de Aton, o intruso, mas ela lhe dizia que a cruz era o símbolo de sacrifício e de fé num ideal elevado, num futuro a viver em outro país para o qual ele deveria, desde logo, preparar-se.

O barco singra as águas e em breve encosta no ancoradouro, já conhecido, da casa de repouso de Hrihor. Desembarcam na praia de areia escura e seguem na direção de dunas que se vêem mais ao longe, à direita. Ela caminha com dificuldade e ele a ampara carinhosamente, até que se aproximam os auxiliares mais chegados que ali se encontravam, à espera, conforme instruções recebidas antes.

Caminham todos agora mais devagar, respeitando a fraqueza da moça, até que atingem o cômoro visado, junto ao qual o auxiliar mais jovem os aguardava com um pequeno carro onde a colocam, e seguem na direção de ruínas que se vêem à distância; ao se aproximarem, vê-se que era um antigo templo, já em pleno desuso.

Há uma entrada lateral disfarçada por arbustos agrestes e fechada por uma pedra ovalada, que os auxiliares deslocam; descem uma escada de pedra e atingem um salão inferior em cujo centro se encontra um divã bastante amplo, no qual a jovem é deitada e que fora para ali mandado previamente pelo pai.

Ao longo das paredes, uns ao lado dos outros, vêem-se seis sarcófagos fechados, com sinais e emblemas de cores vivas nas tampas. Três deles estão vazios. Naquela câmara abandonada, todavia, tudo está bem cuidado e limpo, mostrando que havia sido preparada antes, para aquele ato.

Sob a direção de Hrihor todos se concentram logo e ele faz a evocação dos Espíritos daquelas múmias que ali se encontram, e cujos nomes se acham escritos nas tampas. Após uma longa espera, eis que por fim eles se apresentam, notando-se pelas vestes, porém especialmente pelas caixas de madeira que trazem, contendo instrumentos cirúrgicos, que são médicos. Hrihor explica que já os conhecera antes, quando visitara em outras épocas aquele Templo e, consultando seus arquivos no Templo, veio a saber que se tratava de cirurgiões de muito prestígio em épocas anteriores, sobretudo um deles, de nome Naradim, que fora um célebre trepanador real.

Desejava, pois, que eles examinassem a filha — dizia ele, dirigindo-se diretamente aos Espíritos médicos presentes. Eles tomam posição, abrem suas caixas, examinam a doente, trocam ideias entre si e depois de algum tempo um deles fala diretamente a Hrihor:

— Julgamos efêmera a reencarnação desta alma tão afim com a tua, nos dias presentes; seu organismo não tem mais condições de resistência às grosseiras necessidades da vida física neste orbe. Em breve estará de volta ao reino de Osíris.

— Rogo-vos, veneráveis sacerdotes das ciências, que apliqueis, mesmo assim, em favor de minha filha, os recursos de vossa sabedoria, enquanto daremos nós, que aqui estamos, os auxílios magnéticos que estiverem ao nosso alcance.

Eles concordaram, e vê-se agora na tela o intenso tratamento feito no corpo enfraquecido de Nut, visando sobretudo os pulmões; sua respiração era arquejante pelo esforço da caminhada, e as veias do pescoço se arqueavam sob a pele, em consequência da dificuldade de respirar.

Quando tudo terminou, a doente adormeceu tranquila, respirando normalmente, deixando a todos a impressão de um restabelecimento seguro que, entretanto, Hrihor sabia ser impossível.

— O ser humano — diz ele — não pode contrariar a execução fiel e rigorosa das leis divinas. Aguardemos pois o desenlace, confortando nossa bem-amada filha...

15
Almas Afins

Ao fim de curto tempo, a doente levantou-se em grande parte refeita, caminhou sem mais precisar de ajuda. A flor sagrada do grande Templo de Tebas, aquela que o sumo sacerdote amava com o seu robusto coração de lutador vitorioso; Nut, a sacerdotisa, que desde a Atlântida o ajuda poderosamente na sua evolução espiritual, encarnando junto a ele todas as vezes que descia à arena pesada deste mundo de sofrimentos e de trevas, para o desempenho de tarefas graves e penosas; Nut, que agora, desta vez, é sua filha sem mãe, ressurgiu como de uma morte real.

Abandonam a câmara de pedra e caminham até a margem do rio para retomar o barco que os espera, e cujos remos os robustos remadores núbios manejam com mãos de ferro.

O sol já vai se pondo no horizonte rubro como o foco de um grande incêndio, e o barco singra o rio todo envolto em luzes arroxeadas, mas não segue para a cidade, vai direto para o ancoradouro da casa de repouso, onde todos se abrigam, para alimentação e descanso. Enquanto os auxiliares providenciam o necessário, Hrihor e Nut se recostam na amurada rústica da barranca do rio e ali permanecem algum tempo, voltados para o sol que mergulha, por fim, no horizonte incendiado, envolto num maravilhoso resplendor de luzes multicores.

Ele passa o braço pelos ombros dela e, num impulso carinhoso de abandono e ternura, ela se achega e repousa em seu largo peito a pequenina cabeça. Agora, os últimos resplendores do sol se projetam verticalmente para o alto do céu, ao longe, e a escuridão vem chegando apressada. Tocado de tanta emoção, Hrihor levanta os braços e clama como que num desabafo:

— Oh! Grande Espírito! Foco de luz eterna! Propicia-nos nesta hora forças para suportarmos nossos sofrimentos e desilusões e engrandece-nos, Senhor, na dor que nos aflige, para que sejamos fiéis e resolutos nos caminhos que nos traçaste.

Às últimas palavras da prece, forte onda de fluidos os envolveu como uma resposta e, de certa forma, lhes deu o necessário alívio.

Recolheram-se à casa e foram para uma pequena biblioteca com nichos embutidos nas paredes. Enquanto ela se reclina sobre um divã, ele a contempla de pé, ainda apreensivo.

— Filha, se os poderes divinos permitirem que algum dia eu possa estar novamente junto de ti, sentir-me-ei regiamente compensado pelo que sofro agora, nesse temor de perder-te, sem poder salvar-te.

— Pai querido, não te aflijas. Sabemos ambos que vou realmente partir, tenho visto com os meus próprios olhos os novos caminhos que me esperam, porém sabes que em todos eles tu estás, como agora, amparando-me com o teu amor.

— Alegra-me ouvir-te falar assim e isto me será de grande auxílio quando ficar só.

— Nunca mais o ficarás, querido Pai, pois estarei sempre ao teu lado, como agora. Somos almas afins que, através da morte, se integram na eternidade da vida. Estaremos sempre unidos como uma só alma e um só coração; tu verás.

Ela toma de um instrumento que se acha num banco próximo, e dedilha nas cordas com suavidade uma melodia dolente e triste, enquanto ele, com os olhos lacrimosos, diz ainda, dentro da frase anterior:

— Sem dúvida que o Senhor Supremo há de permitir que prossigamos juntos, oh! minha adorada Nut. Tenho a mesma esperança de que nunca mais nos separaremos, nem que seja somente na lembrança de nossa vida presente.

Entra o jovem auxiliar trazendo refrescos e, dentro dos copos, frutinhas vermelhas como amoras silvestres; eles sorvem a bebida lentamente, como que procurando prolongar aquela intimidade cariciosa, sempre na expectativa de uma próxima separação.

Mas, logo depois Nut se levanta opressa e sai para o jardim, presa de sufocação e de tosse violenta, que lhe desfigura o rosto. Ele toma-a nos braços e leva-a para uma câmara interna depositando-a sobre um leito largo e baixo. Em seguida, chamando os auxiliares, aplica-lhe poderosos passes longitudinais com evocações contínuas ao Senhor.

Quando por fim ela adormece, ele se retira para um cômodo anexo onde há um altar diminuto encimado por um disco luminoso, que é o Sol, e ali se concentra e entra em prece.

Neste ponto, Anath intervém, como costumava fazer, dizendo:

— Parece um contra-senso, mas nem tu, meu amigo (dirigindo-se a mim), poderás reprová-lo, pois sabes que todos os iniciados da antiguidade davam grande valor ao culto solar. Veja o que se passou com Aquenaton. Ademais, o culto de Amon era também o culto solar de Heliópolis, polarizado no deus Ra (como explicado no princípio deste livro). Voltemos à tela.

O sumo sacerdote, prostrado perante o pequeno altar, sente-se cansado, entristecido e percebe que naquele momento crucial suas faculdades psíquicas não estão ajudando. Mas vê-se como repentinamente se revigora: Nut, adormecida e desdobrada, vai para junto dele e o conforta, e o puxa para fora do corpo físico exausto; ele sai do corpo e surge no etéreo como um belo e robusto rapaz egípcio, ricamente vestido e denotando elevada estirpe e quando se defrontam, ele surpreso e ela sorridente, lançam-se ambos nos braços um do outro, com indizível alegria.

Novamente soa aos nossos ouvidos a palavra de Anath, dizendo:

— Assim são os caminhos da vida e da morte; nada há de definitivo, tudo é mudança, tudo se modifica, menos o amor, quando verdadeiro, esse, sim, constrói sempre para a eternidade.

16
Sucessão Real

Agora é um novo dia e na casa se fazem os preparativos para o regresso; Hrihor, parado na amurada do jardim, vê um barco singrando o rio com velocidade; os contornos da cidade são vistos ao longe, e o barco deve trazer notícias urgentes e novas tribulações para o seu coração, já tão alanceado de apreensões por causa de Nut.

Pela porta aberta da sala de entrada, dois auxiliares trazem-na deitada sobre umas andas; passou mal a noite e está novamente debilitada; seus olhos brilhantes voltam-se para o pai:

— Parece, pai, que é a última vez que aqui venho, deixa-me permanecer no jardim por mais um pouco, quero despedir-me de minhas flores amadas, que eu mesma plantei.

A um sinal de Hrihor, os auxiliares a ajudam a levantar-se e caminhar até um montículo de pedras onde se senta, ao mesmo tempo em que Harneth, tendo encostado o barco, sobe a rampa e pára ante o quadro familiar, respeitoso. Depois saúda e diz:

— Trago notícias graves: os mercenários de Horemhet tomaram conta da cidade e fustigam o povo, havendo já muitos feridos e mortos. Ele mandou um emissário dizendo que irá ao Templo amanhã cedo, pois quer falar contigo.

— Qual o motivo dos tumultos?

— Matrah, que está sempre bem informado de tudo, disse-me que o jovem faraó morreu e que estão encobrindo sua morte até que Horemhet assuma o poder. Matrah diz que Tut morreu porque tomou bebida errada.

Hrihor percebeu logo o que estava acontecendo: a ambição terrível de Horemhet desencadeia-se porque ele não tem mais paciência de esperar. Usa da força que tem e provoca os tumultos para poder intervir com suas tropas.

— Regressaremos então, agora mesmo. Levem Nut para o barco.

Enquanto a removiam, teve a intuição segura de que ela não resistiria mais que uns poucos dias, e isso o desesperava, porque não poderia viver sem ela mas, descendo a rampa, sentiu que suas mãos estavam se carregando de uma carga tão forte de fluidos, que sentia correrem estremecimentos e repuxamentos pelos braços. Preocupado com as notícias não percebera que Naradin estava presente, ajudando-o nas dificuldades do momento, conforme prometera nas ruínas do velho Templo, na véspera, e que envolve-lhe os braços em uma camada espessa de fluidos esverdeados e segue junto dele para auxiliar no atendimento da filha.

Penetra no barco e vai para junto dela, que já se encontra sob a cobertura central. Trabalhando agora plenamente consciente do auxílio de Naradin, aplica-lhe poderosos recursos de que dispõe em suas mãos e vê que ela vai aos poucos se reanimando, aconchegando-se por fim ao seu peito, e adormecendo.

Ouve agora Naradin dizer-lhe:

— Tua doente viverá ainda algum tempo, enquanto que tu também te refarás dos últimos esforços feitos e que te esgotaram. Rende graças ao Senhor, que assim estende sobre ti sua mão poderosa e justa. Chama-me quando quiseres, que ouvirei tua voz e virei ajudar-te, como agora.

— Oh! Amigo, exclama Hrihor comovido; que Amon te cubra de bênçãos pelo bem que me fazes.

O barco encostou no ancoradouro do Templo e Hrihor retomou suas atividades sem perda de tempo, mais tranquilo agora, pelas palavras de Naradin. As notícias chegavam umas atrás das outras, trazidas pelos olheiros do Templo que operavam nas ruas e, em sua câmara de trabalho, passou o resto do dia premido pela urgência de decisões adequadas e sábias.

De certa forma — considerava ele — tinha havido alguma penetração do culto renegado de Aton em determinadas camadas sociais ligadas ao governo anterior e, com a morte do faraó, esses núcleos, sentindo-se ameaçados nos seus interesses, reuniram-se e passaram a hostilizar Tutancâmon, que estava tentando restabelecer o culto verdadeiro com apoio do Templo. Esses interessados contavam com o apoio de Horemhet, que conseguira casar-se com a irmã de Aquenaton e assim se aproximara do trono, que agora lhe estava bem perto. Hrihor tinha conhecimento de que ele fizera um acordo secreto com Eie, o sacerdote pai de Nefertiti, antes mesmo da morte de Aquenaton segundo o qual, com a morte deste, Eie subiria ao trono, passando-o depois de dois anos ao próprio Horemhet. A sagração de Tut, feita por ele, Hrihor, de certa forma inutilizara o acordo, e agora o ambicioso guerreiro, já dentro do aprisco real, não queria mais contemporizar.

Estava tudo muito claro e, enquanto via os mercenários nas ruas massacrando o povo inerme, Hrihor compreendia facilmente que na entrevista do dia seguinte não lhe restaria alternativa: deveria aceitar as imposições do guerreiro e sagrá-lo faraó, para evitar que a guerra civil tomasse conta do país.

Quanto a Nut, refletiu maduramente: era preciso que somente seus auxiliares mais chegados soubessem que sua morte estava próxima; naquele clima violento, a destruição dos pulmões seria rápida. Com isso, poderiam surgir aborrecimentos sérios, envolvendo o prestígio da classe sacerdotal e do próprio Templo, considerando que os sacerdotes eram os detentores quase que exclusivos dos conhecimentos médicos daqueles tempos, além do poder religioso que lhes dava o deus e, em se tratando de uma doença daquelas, que atacava a própria sacerdotisa maior, tal fato seria encarado pelo povo ignorante como decréscimo de autoridade espiritual por parte de quem, como ele, o sumo sacerdote, governava a vida religiosa do país e do Império.

E por que suceder isto, justamente agora — pensava ele — quando, com a morte do falso faraó, a autoridade espiritual de Amon voltava a se consolidar rapidamente por toda parte?

Era, pois, necessário esconder a situação, não deixar que fosse conhecida, nem mesmo entre os iniciantes.

Fechando-se em sua câmara, posternou-se e aguardou a inspiração que nunca lhe faltava nos momentos graves.

Com a morte do faraó e a sagração precipitada de Tutancâmon, o clero reconquistou sua soberania.

O grão sacerdote colaborou, levando em conta, sem embargo da imaturidade do jovem príncipe, os desmandos, as vinganças, perseguições religiosas e matanças que se seguiriam à morte de Aquenaton e que explodiriam por toda parte, no país e nos territórios conquistados, e, muito mais as arremetidas dos guerreiros de Horemhet, sempre interessado em massacres, pilhagens e violências que, seu ato, pelo menos em parte, poderia reduzir.

Um pouco mais tarde, saindo incognitamente pelos fundos do Templo, dirigiu-se a uma viela próxima e bateu a uma porta humilde onde residia uma mulher do povo, viúva de um ex-auxiliar do Templo e a quem prestara favores e proteção em várias ocasiões. Esta fora a inspiração que recebera: sem revelar os laços que o ligavam à jovem, pediu-lhe que a recebesse em sua casa, tratasse dela até o seu desenlace, recebendo régio salário pelo serviço.

Como aquele pedido, vindo dele, era uma ordem irrecusável, na mesma noite, secretamente envolto em largo manto e apoiando a filha também envolta em véus, transferiu-a para esse refúgio, onde todas as noites poderia visitá-la, até os últimos momentos de sua vida.

Instalou-a o melhor que pôde e prometeu sua assistência imediata ao menor aviso; ia retirar-se, quando forte alarido chegou até eles, vindo dos arredores. Ao transpor a porta de saída, acalmou a anciã assustada, que com o olhar ansioso o interrogava.

— Veneranda amiga, o que se passa é a luta terrível das ambições pela conquista do trono real. Não te preocupes, porque até amanhã a esta hora tudo estará terminado; cuida da doente, é só o que no momento desejo que faças com todo o desvelo.

Edgard Armond

Voltando ao Templo, recolheu-se à sua câmara de repouso, ouvindo ainda por várias horas os gritos e os bramidos que vinham das ruas, até que o sol, raiando na manhã seguinte, iluminou o triste espetáculo dos trucidamentos e dos incêndios.

17
Poder Militar e Religioso

O sol já ia alto quando as trompas de guerra, soando altivas na praça fronteira, anunciaram a chegada de Horemhet. Hrihor o recebeu sem aparato algum na sua câmara de trabalho. Começou Horemhet a falar, enquanto passeava de um lado para outro, batendo nas pernas, como que nervoso, com um bastão fino que trazia na mão direita. Falava como se estivesse monologando:

— Pus remate à guerra da Síria; deixei que os hititas ficassem em Kadesh, mas depois voltarei para expulsá-los dali, porque o governo fraco de uma criança (referia-se a Tutancâmon) não me forneceu os recursos necessários para

Edgard Armond

fazê-lo já; fechei as portas do templo de Sekhmet[25] para provar ao povo que não desejo guerras e sou amante da paz. Agora estou senhor de minha vontade porque restabeleci o poder no Egito e nenhum perigo ameaça mais a nação. Quero construir um poderoso império onde haverá azeite e trigo para todos; farei funcionar novamente as pedreiras e as minas abandonadas e não haverá mais mendigos nem aleijados pelas ruas, como agora, porque expelirei delas todo o sangue doentio; e por fim deixarei a meu filho Ramsés (que talvez saibas que já nasceu) o trabalho de consolidar esta minha obra.[26]

Parou de andar e falar e Hrihor então perguntou:

— E por que me dizes todas estas coisas?

— Porque preciso de ti para realizá-las.

— Mas ninguém se opõe agora ao teu poder militar...

— Sim, mas tu és o poder religioso que move o povo e sem ti nada posso fazer, a não ser continuar com a guerra, o que francamente não desejo. Estou farto e quero agora uma vida mais pacífica.

— Que desejas de mim, então, Horemhet?

— Quero que me consagres como faraó, amanhã, no trono vago.

— E não foste tu que o fizeste vagar? Sê franco e dize-me...

— Sim, fui eu. Mandei envenenar Tutancâmon. Não podemos esperar que uma criança cresça para se fazer homem, praticando erros e afundando o país na miséria e na anarquia.

— Mas tu ajudaste o faraó anterior a introduzir o culto falso de Aton, enquanto Tutancâmon estava tentando restabelecer o culto verdadeiro, antigo. Qual será, pois, a tua

---

[25] Templo votivo, que permanecia fechado nos tempos de paz.

[26] O Egípcio — Ibd.

114

futura atitude religiosa? Percebes muito bem que depende disto a minha resposta ao teu pedido.

— Sou-te franco, Hrihor: como faraó, não desejo compartilhar meu poder com os deuses, porque não acredito muito neles, mas dou-te a minha palavra que respeitarei, prestigiarei e não interferirei na tua função de sumo sacerdote, e restabelecerei todo o prestígio que lhe foi tirado. Concordas?

— Concordo — respondeu Hrihor — porém, antes disso, vem comigo.

Levou-o aos fundos da nave central e fê-lo penetrar sozinho numa câmara sombria, onde havia um estreito divã de madeira.

— Vou deixar-te aqui por uma hora, depois iremos juntos à frente de Amon.

Saiu e fechou a porta, trancando-a por fora. Voltou à sua câmara de trabalho, ajustou pessoalmente o relógio de água e chamou seus auxiliares para transmitir-lhes ordens urgentes.

Decorrido o tempo, retirou Horemhet da câmara e levou-o à nave, postou-se com ele à frente da estátua de Amon e lhe disse:

— Uma decisão assim tão importante não pode ser tomada unicamente por nós. Cumprimos as regras e agora vamos selar aqui, perante o deus nacional, o acordo feito.

E guardaram silêncio; ambos estavam inclinados, contritos. O primeiro que viu a luz foi Horemhet: ela descia num facho estreito sobre o deus, iluminando a estátua, da cabeça aos pés. Tocando no ombro de Hrihor, Horemhet perguntou:

— Que significa isto? — enquanto apontava a luz com a mão.

Hrihor respondeu:

— Significa que o nosso acordo foi aprovado por Amon. Seremos agora amigos e aliados na árdua tarefa de reconstruir nossa pátria.

Edgard Armond

Acompanhou o guerreiro até o átrio exterior, que ele transpôs, tendo nos olhos uma intensa chama de alegria e de triunfo.

18
Momentos Finais

Passaram-se seis meses. Horemhet era o novo faraó e a calma e a confiança voltaram a imperar na cidade e no país. Nut continuava refugiada na casa humilde da viela, nos fundos do Templo.

Naquela manhã tranquila e cheia de sol, vamos encontrá-la reclinada em um divã, no pequeno pátio interno da casa. Os enfeites de ouro de sua túnica branca eram símbolos místicos, e as tarjas transversais coloridas eram próprias dos costumes assírios e indicavam que algo de bom e venturoso havia acontecido, conquanto o semblante pálido e descarnado, bem como os olhos animados por luzes febris não dessem margem a esperança: a moléstia insidiosa ia devastando impiedosamente o frágil organismo gracioso.

Preparara-se assim para esperar o pai, e este chegou, acompanhado de três dos auxiliares mais íntimos. Não se tratava de uma simples visita, mas de um trabalho a realizar, ela percebera logo isto. Os constantes padecimentos provocados pela moléstia aprimoraram automaticamente seus poderes psíquicos, de forma até então jamais verificada e, numa das reuniões dos trabalhos anteriores, em que tomara parte ali mesmo naquela casa, ela revelara mediunicamente os laços profundos de união entre aqueles servidores e seu pai, e ainda os projetou do longínquo passado para os séculos vindouros; com extraordinárias minúcias descreveu paisagens e acontecimentos que ainda seriam vividos por eles naquela mesma encarnação e em outras que viriam depois.

Agora referia-se sempre a uma filosofia de amor universal, redentor de todos os povos, grandes e pequenos, fortes e fracos, e uma nova lei de moral e de justiça[27], que prepararia o mundo para receber um Enviado Divino, que viria a nascer na terra dos hebreus, não em Goshen, mas em Jerusalém.[28]

Entre outros detalhes de profecias ela descrevia como sobre o ensolarado deserto, erguendo-se com o sol, lado a lado, esse Enviado dominaria, pela ideia e pelo sacrifício pessoal, o coração daquele que no momento era o sumo sacerdote representante de Amon. Uma religião de amor e de bondade dominaria o mundo, e não as que existiam no momento, inclusive no Egito, com base nas paixões e nos interesses de fundo meramente humano.

Estas revelações da quase moribunda pitonisa impressionaram profundamente a todos, e voltavam agora para ouvir novos ensinamentos e instruções que lhes servissem de orientação religiosa.

---

[27] A Lei do Sinai — o Decálogo.

[28] O Messias Nazareno.

🦅 Almas Afins

Aqui interpôs-se novamente a voz de Anath, dizendo:
— Os três auxiliares que acompanharam o sumo sacerdote aquela noite e se encontravam em torno de Nut, eram Ameth, cujos elos de coração remontam, como já foi revelado, ao passado remoto e junto a ti novamente está, porque nas tarefas espirituais não se enquadram improvisações ou imprevistos; Actaor, o teu braço direito. Lembras-te? Ele era para ti cajado e sustentação. Hoje é o legionário índio cristão. O terceiro é Arturo, cujas características de amor e de submissão tanto de ti mereceram. E há um quarto... Vê se descobres...

Voltamos novamente a fixar a tela.

Hrihor estava tentando, naquela última oportunidade, prolongar por mais algum tempo a vida expirante de Nut, cujos dias já eram horas. Explicar com palavras as vibrações sonoras e coloridas que envolviam aquele pequeno grupo é tarefa difícil, mesmo para nós, Espíritos; o amor que havia entre Nut e Hrihor era tão profundo e elevado, que ultrapassava o sentimento comum das coisas, e o ambiente estava saturado de luz, parecendo iluminado por uma lua plena.

Nut estava sentada, ou melhor, reclinada ao centro de um pequeno grupo, sem forças nem para falar; todos fortemente concentrados e, sobre eles, uma cúpula fluídica semelhante a uma campânula de cristal translúcido. Num dado momento, Nut como que desmaiou, na realidade, entrou em transe para logo surgir numa brilhante materialização luminosa, na figura de uma matrona egípcia, em trajes usados pelos hiksos, os antigos reis pastores da nação. Levitada, dirigiu a palavra a Hrihor, dizendo:

— Meu filho, meu tesouro, os deuses te conduzam o cérebro, o coração e as mãos pelos caminhos do Bem; neste

119

Edgard Armond

instante recordo que a presente vida está por extinguir-se em mim, terminou a jornada, porém, como sandálias macias presas aos teus pés, estarei sempre junto de ti, protegendo--te os passos. Caminharei contigo por onde quer que vás e iluminarei com meus olhos teus passos nas horas de escuridão. Confia e crê no meu amor, pois muito tens de sofrer ainda aqui, e duros encargos te embranquecerão depressa os cabelos, mas alenta-te o Espírito o saber que não estarás só, jamais farás um apelo em vão, porque estaremos sempre unidos, eternamente unidos, meu terno amor, enquanto com o Senhor da vida estivermos.

Compreenderam todos que era a mesma Nut que se lhes apresentava, transfigurada na matrona egípcia, mãe de Hrihor em encarnação anterior.

Quando ela voltou, perceberam também que seus momentos finais estavam próximos, e passaram então a se revezar na vigilância para que Hrihor estivesse presente na ocasião e pudesse confortá-la naquele momento emocionante.

19
O Desenlace

    Vê-se na tela Hrihor sentado à sua mesa de trabalho no Templo, ditando hieróglifos a Ameth, o jovem auxiliar, cuja espátula, com extrema rapidez e fidelidade, desenhava os sinais no papiro.

    O quadro se abre e mostra a linha de um horizonte distante, do qual saía e vinha para o nosso lado, junto à tela, a velha arca, que nada mais é que o símbolo de nossas vidas passadas. Sua tampa se abre mostrando o vazio, mas de seu fundo emerge um último pergaminho, que sobe e cai sobre Anath.

Uma voz diferente avisa, dizendo que Aquenaton está encarregado de proceder à leitura desse último documento.

Ele lê então o que se segue:

Relação das almas no corpo e fora dele

O número de vezes bastante grande que desde o início proporcionou encontros encarnativos entre o sumo sacerdote e a sacerdotisa do Templo de Tebas tornou-os cada vez mais íntimos e daí os fatos aqui narrados, que também servem para demonstrar o intercâmbio das almas afins.

Apesar dos conhecimentos já adquiridos nos livros, a sacerdotisa maravilhou-se com o que o Pai lhe ia revelando sobre a vida e a morte: os Espíritos agrupando-se por afinidades, trabalhando com esforço e dedicação na causa comum do Bem, caso em que estariam sempre debaixo da proteção do Senhor da Vida.

Mostrou-lhe como as almas se reencontram, buscando em seguida a expansão imperativa nos grupos afins. Explicou-lhe que os corpos de carne são roupagens grosseiras, porém dentro deles havia outros, mais puros e perfeitos, invisíveis aos olhares humanos. Prosseguindo na iniciação dela, explicou-lhe que as almas, ao transitarem, deixando as vestes grosseiras, passavam para o Plano Espiritual, servindo-se como veículo de suas manifestações de um daqueles corpos intermediários, que por sua vez, conforme a capacidade de espiritualização demonstrada, iam-se tornando mais ou menos luminosos e perfeitos.

Neste ponto, Aquenaton enrolou de novo o papiro e afastou-se, sendo substituído por Anath, que disse:

— Esses ensinamentos que hoje estão melhorados e até mesmo em alguns pontos, suplantados, naquela época eram, entretanto, privilégio de sacerdotes de graus maiores. Não admira, pois, que constem de um papiro à parte, em hieróglifo. Explica as afinidades tão estreitas existentes entre os diferentes personagens dos acontecimentos aqui narrados e que asseguram a continuidade deles na vida eterna. Sua leitura foi feita para mostrar que os compromissos do passado foram resgatados nessa encarnação no Egito e a arca fora esvaziada.

— Àquele que erra, sempre se dá — diz ela — oportunidades novas de melhoria e redenção, e a bondade infinita do Senhor ainda lhe põe no caminho as criaturas que foram objeto de seus erros para que, no campo do amor, sejam estes apagados para sempre.

Voltamos a ver a tela.

Uma sala no interior do Templo. O sumo sacerdote toma sua capa e dirige-se para os portões dos fundos. Vai visitar Nut no seu refúgio. Mal atinge a porta da casa humilde, Ameth vem ao seu encontro emocionado e lhe diz que Nut está agonizando e que o chama insistentemente.

Penetrando em sua câmara, Hrihor precipita-se para ela, fazendo um grande esforço consegue ainda abrir os olhos e sorrir-lhe. Ele se ajoelha junto do leito baixo para fitá-la bem junto de seu rosto branco; toma-lhe as mãos e procura infundir-lhe forças, enquanto ela sacode a cabeça de um lado para outro, de leve, como a dizer que nada mais adianta. Sua respiração vai-se reduzindo e é agora um sopro ligeiro, e com os olhos sempre muito abertos fixos nos dele, como a querer gravar na retina espiritual sua imagem para sempre, ela se vai, quase que imperceptivelmente.

Vemos como seu corpo espiritual flutuou horizontalmente sobre o corpo físico e o fio fluídico de ligação rompeu-se e enrolou-se para cima, juntando-se com o da cabeça, ao mesmo tempo que ela levitava, lenta e graciosamente, até desaparecer numa névoa dourada.

O disco do sol afundava num horizonte de fogo e a cidade inteira achava-se mergulhada naquele esplendor. Foi assim que morreu Nut, a flor sagrada do Templo de Tebas, rodeada da luz que naquele instante descia do céu sobre ela, como uma glória.

20
Epílogo

Hrihor viveu ainda mais dez anos depois da morte da filha; exerceu suas árduas funções de forma eficiente e generosa, contribuindo grandemente para a prosperidade e a harmonia interna de seu nobre país. Isto lhe foi creditado como mérito pelos homens e pelo Alto.

Quando também chegou sua hora de partir, a luz radiosa que fora Nut fechou-lhe os olhos para o mundo da matéria e os abriu para os esplendores do mundo espiritual.

Por muitas vezes, esses dois Espíritos afins encarnaram e desencarnaram em muitas partes diferentes e em diferentes épocas, mas sempre realizando juntos tarefas benéficas no sentido do Bem e ainda hoje, quando escrevo este livro, nestes dias agitados, às vésperas de uma transição cíclica de grande significação cósmica, continuam juntos, e o seu amor cresce sempre, de forma incrível, como um sentimento que não é próprio deste mundo.

HISTÓRIA DA EVOLUÇÃO ESPIRITUAL DA HUMANIDADE - **TRILOGIA**

Os Exilados da Capela
Edgard Armond
16x23 cm | 192 Pág.

A formação e evolução das raças no planeta Terra. Obra extraordinária que cuida das grandes indagações dos homens acerca do início da humanidade.

Na Cortina do Tempo
Edgard Armond
14x21 cm | 128 Pág.

Sobreviventes salvos da Atlântida preservam seus conhecimentos destinados à posteridade.

Almas Afins
Edgard Armond
16X23 cm | 128 Pág.

A trajetória de Espíritos afins desde a submersa Lemúria até os dias atuais.

VOCÊ SABIA
QUE DISTRIBUÍMOS LIVROS DE QUASE
200 EDITORAS ESPÍRITAS E MAIS DE
7.000 TÍTULOS?

Nossa Localização

DISTRIBUIDORA
www.editoraalianca.com.br - distribuidora@editoraalianca.com.br
Rua Major Diogo, 511 - Bela Vista SP - CEP 01324-001
Tel.: (11) 2105 2600 Fax.: (11) 2105 2626